JN100621

東アジアのなかの二・八独立宣言

若者たちの出会いと夢

在日韓人歴史資料館 編
李成市 監修

明石書店

はじめに──東アジアのなかの二・八独立宣言、その歴史的意義

李成市

一九一九年二月八日、東京神田区西小川町に所在する在日本朝鮮基督教青年会館朝鮮YMCA講堂において、数百人の朝鮮人留学生の前で独立宣言書が朗読されました。宣言書は一九一八年の年末から翌年一月の初めに、十一名が代表となり結成された秘密結社・朝鮮青年独立団によって作成されたものでした。この宣言書は「韓国併合」が朝鮮人の意思ではなく、日本の帝国主義的野心に基づくものであり、日本および世界各国は朝鮮に民族自決の機会を与えるべきであって、もしそれに日本が応じない場合は日本に対し「血戦」、つまりは徹底抗戦の姿勢で臨むことを示すものでした。この独立宣言は、二・八独立宣言とよばれ、三・一独立運動のさきがけをなすものとして朝鮮独立運動の重大な画期として語り継がれてきました。

本書は、この二・八独立宣言、三・一独立運動の一〇〇周年を記念して、二〇一九年二月二日に、在日韓人歴史資料館において開催されたシンポジウム「東アジアにおける二・八独立宣言の意義」の発表と討議に基づいています。

シンポジウムを構想するにあたり、最も留意したのは、これまで二・八独立宣言は、三・一独立運動との関係が重視されてきましたが、二・八独立宣言の意義を東アジアという空間の中に位置づけなおすところにありました。すなわち、二・八独立宣言に導かれた三・一独立運動の後には、中国において五・四運動が展開されたように、東アジアで展開された民族運動との関係をも視野に収めつつ、東アジアの留学生たちが民族や国境を越え、異国の地・東京で出会うことによって、お互いの夢を語り合い活動を共にしながら、この時代の民族運動の先駆者として生きた時代状況を可能な限り明らかにすることで、二・八独立宣言の意義を東アジア規模で議論することでした。

二・八独立宣言の重要性の一つに、この宣言が日本や故国の同胞にむけて発せられただけでなく、東京留学生たちが世界に向けて発信した事実があります。というのも、三・一独立宣言書が同胞に向けて朝鮮語版のみが作成され、配布先も朝鮮半島内に限られていたのに対して、二・八独立宣言書は、朝鮮語、日本語、英語の三つの言語で作成されているからです。しかも、翌年の三月には中国語版も雑誌『新韓青年』に掲載されています。宣言書は、全世界に向けて発信されていたのです。

このように二・八独立宣言が有している国際性は、発信の対象をとっても、一国の枠組みを自明としていては想像することすらできません。シンポジウムでは、宣言書の発表に至る東京留学生たちの東アジア規模の交流やネットワークがその背景にあったことを重視し確認することに努めました。まずは宣言書の主体となった朝鮮人留学生はもちろんのこと、彼らが東京で出会った身近な隣人は、中国人留学生であり、さらには台湾人留学生でありました。彼らには現在の私たちには想像できないような東アジア規模の交流の絆で結ばれていました。

二・八独立宣言をさかのぼること三年前には、日本政府は袁世凱政権に対して一九一五年一月一八日に「対華二十一ヵ条要求」を突きつけましたが、これは中国における反日運動が活発化すると同時に、日本の植民地となった朝鮮に対し中国人の注目が集まる契機となりました。それと同時に、朝鮮人留学生が、中国に注目するという双方的な関係で結ばれることにもなりました。たとえば、朝鮮の独立を訴えた朴殷植（パクウンシク）の『韓国痛史』の流布が「独立運動を夢想する」朝鮮人の手になる歴史書として朝鮮総督府を悩ませたことは知られていても、そもそも『韓国痛史』が一九一五年六月に上海において中国語で発表された歴史書であり、中国人政治家・康有為の経営する大同編訳局から出版されたことはほとんど知られていません。

また、対華二十一ヵ条要求の一ヵ月後の二月には、東京での中国人留学生による大規模な反対集会がありましたが、この時の中国人留学生の抗日運動は、朝鮮人留学生を大いに鼓舞しました。実際に、外国語学校で中国語を学んでいた朝鮮人留学生・河相衍（ハサンヨン）を媒介にしつつ、辛亥革命に参加し、それを経験した中国人留学生のイニシャチブの下に、中国、台湾の留学生の同志が集まり、日本帝国主義の打倒、朝鮮、中国、台湾の解放を目的とした秘密結社・新亜同盟党を設立し、その後、約二年間にわたって非合法の独立運動を朝鮮人留学生たちは経験することになりました。こうしたネットワークは、メンバーの一人が北京で李大釗に面会しているように、東京から北京へと中国大陸にまで広がっていました。

さらにシンポジウムで留意したのは、二・八独立宣言書が留学生の日々の生活が営まれた日本社会との深い関係の中で育まれたという事実への注目です。たとえば、宣言書には「改造」という用語が何度か用いられていますが、これは当時の日本における思想潮流になっていた最新の用語でした。実際に戦前の進歩的な雑誌『改造』の出版社の創設と、その創刊が一九一九年であったことの関連性が報告者である小野容照氏によって指摘されています。

朝鮮において言論、集会、結社の自由が厳しく制限されていた中にあって、留学生たちは日本留学でえた近代的な知識を故国において啓蒙することに強い使命感をもっていました。二・八独立宣言書が朗読された東京ＹＭＣＡは、そうした朝鮮人留学生たちの日々の活動拠点であり、朝鮮人留学生を網羅する在東京留学生学友会（学友会）の機関誌『学之光』の発行所が置かれたり、総会が開催されたりしていました。

加えて、日本における朝鮮人留学生たちの出版活動は独立運動にとって実に大きな役割を担っていましたが、それらは朝鮮語の聖書を印刷していた福音印刷合資会社に負っていました。留学生にとって日本のキリスト教は朝鮮語出版物を刊行するにも大いに助けになっていたのです。朝鮮人留学生の出版物は、各国の聖書の印刷を受注していたのが福音印刷合資会社であったように、留学生のハングル活字を用いた出版活動には日本人キリスト者が大いに関わっていました。かねてより、二・八独立宣言や三・一独立運動には、キリスト教との関わりが指摘されてきました。このたびのシンポジウムでは、その実像に迫るためにキリスト教との関係について再検討することで、従来の肯定的な評価とは異なる面を照射することにはなりますが、このような側面に注目することによって当時を生きた人びとの生き方や価値観をより深い次元でとらえることに努めました。

ところで、先述のとおり、朝鮮人留学生は、福音印刷合資会社より多くを学んでいましたが、その中には三・一独立運動の前夜を著した小説『万歳前』の作者・廉想涉（ヨンサンソプ）がいました。廉想涉は、故国で三・一独立運動が始まった後、三月一九日には、大阪の天王寺公園において「在大阪韓国労働者一同」の名義で朝鮮人労働者を対象に独立宣言書の配布しようとしています。留学生が朝鮮人労働者に働きかけを行っている事実に注目されます。それゆえ、シンポジウムでは、二・八独立宣言と在日朝鮮人コミュニティとの関係についても、重要な論点として取りあげることにしました。

以上のように、このたびのシンポジウムは、二・八独立宣言の意義を、一国の枠組にとどまらず、東アジアという空間に位置づけようとするものですが、さらには今日的な課題に向き合いながら、二・八独立宣言の再照明を企図するものです。そのような試みの背景には、二・八独立宣言を東アジアの歴史的な文脈の中に位置づけることによって、まさに今日的な課題として、東アジアの平和を構想するという希望につなげたいという願いからであります。

現在の朝鮮半島を取り巻く東アジアの状況を見ますと、東アジア諸国の分断状況が深刻なまでに悪化し、和解への道筋がまったくというほど見えなくなっております。独立運動の担い手であった朝鮮人留学生たちは広範なネットワークの中で活動しておりましたが、彼らの独立運動は当時の東アジアの社会運動・思想状況とどのようなつながりがあったのか、具体的にどのような影響を東アジア諸国の間に及ぼしていたのかを見極めることは、厳しい現実を捉え、そこから歴史的な教訓をえるためにも不可欠です。当時の具体的な国際的な背景や影響関係について研究のレベルから検証することは必須というべきです。それゆえ、二・八独立宣言の意義を東アジア規模、世界史規模で捉え直すために、中国史研究の視点からの忌憚のないコメントをいただくことにしました。そのことによって、一〇〇周年を迎えるにあたって一〇〇年前の独立運動の意義を文字どおり東アジアの現在に生かしていくことになると考えるからであります。

以上のような構想の下に、当日は、二・八独立宣言を広く東アジアの視点から歴史的な意義を展望した小野容照氏の基調講演がなされました。さらに二・八独立宣言の主体となった朝鮮人留学生の独立宣言以降の彼らが置かれた状況と彼らの新たな取り組みを論じた裵姈美氏の講演、さらに台湾人留学生の視点から朝鮮人留学生との連携を論じた紀旭峰氏の講演、二・八独立宣言と三・一独立運動におけるキリスト者の関係を再検討した松谷基和氏の講演によって、二・八独立宣言がなされた当時を生きた留学生たちや独立運動に関わった人々の同時代の状況を歴史的な文脈から再確認することを目指しました。

さらに、これらの講演に対して、中国研究史の視点から小野寺史郎氏に三・一独立運動と五四運動との関係を中心にしたコメントを、さらに東アジアの連帯という視点から解放後の在日朝鮮人にとっての二・八宣言、三・一独立運動について、鄭栄桓氏にコメントをいただきました。そのうえで、シンポジウムの目的とした「東アジアのなかの二・八独立宣言の意義」についての総合討論をおこないました。当日のシンポジウムの構成は以上のとおりですが、本書ではその有機的な内容を勘案して、登壇者の講演とコメントを六章として整理し、当日の相互討論を付して一書として編集することとしました。

最後に本書で用いる用語についてお断りしておきます。当日のシンポジウムには様々な政治的な立場の方々の参加があり、立場が違えば固有名詞の呼称が異なることに議論がなかったわけではありません。しかしながら、当日は日本の学界で慣例化している地理的、民族的な固有名詞の総称として「朝鮮」を用いることにしました。本書もそれに従いました。

当日ご講演やコメントをいただいた先生方をはじめ、シンポジウムに参加いただいた皆さま、またシンポジウム開催のためにご支援いただいた方々、そして本書の編集にご尽力くださった在日韓人歴史資料館の李美愛、金辰の両氏に改めて御礼を申し上げます。

目次

はじめに――東アジアのなかの二・八独立宣言、その歴史的意義　李成市　3

第一章　二・八独立宣言再考――三・一独立運動の「導火線」を超えて　小野容照　13

第二章　二・八独立宣言後の朝鮮人留学生
――「同化」から「内鮮融和」との闘いへ　裵姈美　45

第三章　二・八独立宣言と三・一独立運動におけるキリスト教
――「独立宣言書」署名者と「教会」との距離　松谷基和　75

第四章　在京台湾人留学生と朝鮮人との「連携」
――『亜細亜公論』に見られる反植民地統治運動　紀旭峰　103

第五章　五・四運動から見た「二・八」と「三・一」
――中国史研究の視点から　小野寺史郎　131

第六章　三・一独立運動の残響
――在日朝鮮人史の視座から　鄭栄桓　149

〈総合討論〉
司　会：李成市
登壇者：小野容照、裵姈美、松谷基和、紀旭峰、小野寺史郎、鄭栄桓　173

巻末資料　199
二・八独立宣言書〈日本語版〉　200
二・八独立宣言書〈朝鮮語版〉　205
写真資料
・中国語版宣言書　210
・英語版宣言書　217

第一章　二・八独立宣言再考——三・一独立運動の「導火線」を超えて

小野容照

はじめに

一〇〇年間受け継がれた認識

二〇一九年三月一日に一〇〇周年をむかえた三・一独立運動は、日本の植民地時代の朝鮮で起きた最大の独立運動と評価されている。とりわけ韓国では早くも一九四九年から三月一日が「三・一節」として祝日に指定され、その後も「偉大な運動」「民族の栄光」として称えられてきた[*1]。

その三・一独立運動の「導火線」＝前史として位置づけられているのが、一九一九年二月八日に日本の大学などに留学する朝鮮人学生が東京で発表した独立宣言、いわゆる二・八独立宣

＊1　崔炯錬「三・一과 中央学校」『三・一運動五〇周年紀念論集』（東亜日報社、一九六九年）、三一三頁。

言である。二・八独立宣言のこうした位置づけと関連して、まずは文章を二つ紹介しておきたい。

民族自決ノ適用ヲ受ケ独立ヲ期待シ得ヘク誤解シ、先ツ東京留学生カ在外不逞者〔在外朝鮮人独立運動家〕ト遥ニ呼応シテ独立運動ヲ開始スルヤ痛ク鮮内一般学生、青年ノ奮起ヲ促シ、騒擾〔三・一独立運動〕ノ導火線トナルニ至レリ。[*2]

この日留学生たちが朗読した「朝鮮青年独立宣言書」はわれわれの独立運動のかがり火を灯す「付け木」になりました。「二・八独立宣言書」は学生たちによって作成され、三・一独立運動に直接的な影響を与えたことに大きな意味があります。[*3]

前者は一九一九年六月の朝鮮憲兵隊の会議の史料であり、三・一独立運動の「導火線」という表現は、おそらくこの史料に由来する。一方、後者は二〇一九年二月八日に韓国大統領の文在寅（ムンジェイン）が三・一独立運動の一〇〇周年に寄せたコメントである。高揚する独立運動を取り締まる側の朝鮮憲兵隊と三・一独立運動の一〇〇周年記念事業を推し進める文在寅とでは、時代状況も、その立場も全く異なる。しかし、二・八独立宣言が三・一独立運動の「導火線」／「付け木」になったという評価は見事に一致している。二・八独立宣言を三・一独立運動の前史と見なす認識は、その勃発当初から、一〇〇年を経た現在まで、広く持たれ続けてきたといってよい。

本章の目的

韓国において、「偉大な運動」である三・一独立運動についての研究蓄積は膨大である。一方、二・八独立宣言はどうかというと、三・一独立運動との関連で言及している研究は数多く存在するが、二・八独立宣言それ自体に焦点をあてた研究は乏しい。[*4] この点は朝鮮人留学生についての研究も同様で、一九一〇年代に関する研究はそれなりの蓄積がある反面、あたかも三・一独立運動の勃発をもって朝鮮人留学生はその歴史的使命を果たしたといわんばかりに、一九二〇年以降の分析はほぼ捨て置かれている。

文在寅のコメントにあるように、二・八独立宣言が「三・一独立運動に直接的な影響を与えたことに大きな意味がある」のは事実である。しかし裏返せば、この一〇〇年間、二・八独立宣言は三・一独立運動の前史としての意義しか認められてこなかったということでもあり、先

---

*2 朝鮮憲兵隊司令部編『朝鮮騒擾事件状況（大正八年）』（厳南堂書店、一九六九年）、一頁。

*3 『한겨레新聞』電子版、二〇一九年二月八日付。

*4 たとえば、韓国では三・一独立運動の一〇〇周年に際して、韓国歴史研究会の編集で『三・一運動一〇〇年』（휴머니스트、二〇一九年三月）という全五巻の論集が刊行されたが、二・八独立宣言について扱った論考は、第二巻所収の拙稿「二・八独立宣言의 戦略性과 影響」のみである。

の朝鮮人留学生研究の事例のように、このことが朝鮮近代史研究の視野を狭めてきたこともまた否めないのである。

　本書の目的は、二・八独立宣言の意義を広く東アジアの規模で考察することである。その前提として、本章では二・八独立宣言のさまざまな意義や論点を、朝鮮人留学生の独立運動を概観しながら提示することとしたい。

二・八独立宣言の論点

　本論に入るまえに、二・八独立宣言をなぜ東アジアの規模で考察するのか、さまざまな論点とは具体的に何か。これらの点について、二・八独立宣言の概要とともに説明しておきたい。

　二・八独立宣言は、朝鮮人留学生が「朝鮮青年独立団」名義で、東京の神田区西小川町にあった在日本朝鮮基督青年会館（以下、在日朝鮮ＹＭＣＡ）で発表した独立宣言である。[*5] 明治学院や早稲田大学に留学経験のあった李光洙（イグァンス）が宣言書を起草したといわれており、朝鮮語、日本語、英語の三言語で作成された（ただし、英語版は実物が確認されていない）。宣言書は二月八日の午前中に日本の帝国議会、各国の駐日大使館、マスメディアに送付され、同日午後に在日朝鮮ＹＭＣＡで朗読された。また、あまり知られていないが、一九二〇年に李光洙が上海で編集していた雑誌『新韓青年』創刊号（一九二〇年三月）には、中国語版も掲載されている（本書巻末に資料として掲げた）。三・一独立運動の独立宣言書（以下、三・一独立宣言書）が朝鮮語版のみ作成され、配布先も朝鮮半島内に限られていたことと比べると、二・八独立宣言は広く世界的に読まれることを意識して作成されたといえる。

この点は宣言書の内容からも明らかである（宣言書の全文は本書の巻末に収録されている）。宣言書は、韓国併合が朝鮮人の意思によるものではないこと、日本の植民地支配が朝鮮民族の生存の権利を奪うものであること、その一方で国際連盟をはじめ世界各国が「軍国主義的侵略」を払拭しようとしていることを論じたうえで、「万国講和会議に民族自決主義を吾族にも適用せんことを請求」するという内容である。

「万国講和会議」は第一次世界大戦の戦後処理として一九一九年一月からフランスで開催されていたパリ講和会議のことであり、民族自決がその主たる議題になっていた。つまり二・八独立宣言はパリ講和会議で朝鮮の独立問題を議論してもらうことに的を絞って作成されたのであり、それゆえ世界に向けて発信されたといえる。

このように二・八独立宣言は、三・一独立運動との関連という朝鮮近代史の枠組みだけでなく、世界史的視野で分析すべきものである。そのなかで本書が東アジアに着目するのは、朝鮮

＊5　在日朝鮮ＹＭＣＡは関東大震災の際に焼失したため、現在の在日本韓国ＹＭＣＡとは位置が異なる。一九一九年当時の在日朝鮮ＹＭＣＡは、現在の専修大学神田キャンパスの付近にあったが、跡地に記念碑などは建っていない。

人留学生が日本で成長し、彼らが日本で独立宣言を発表したという点が大きい。日本で独立宣言が発表されたことに注目すると、次の二つの論点が浮かび上がる。

一つめは、日本社会への直接的な影響である。たとえば、三・一独立運動は日本のメディアでも（主に朝鮮人の暴動として）報道されたが、海を隔てているため、日本人が運動の主導者と会うことは容易ではなかった。他方、朝鮮人留学生との接触にこういった制約はないため、彼らを通して、独立運動に対するリアルな情報が日本の知識人や政治家に伝わった可能性がある。また、宣言書では「改造」という用語が何度か使われているが、雑誌『改造』が一九一九年に創刊されたように、当時の日本で「改造」は時代の標語となっていた。したがって、二・八独立宣言と日本知識人には、何らかの思想的関連性があったと考えられる。

二つめは、東アジアの諸民族の運動との相互関係である。一九一〇年代の東京には、東アジアの各地域から留学生が訪れていた。つまり、朝鮮人留学生は朝鮮半島では出会うことのない中国や台湾の留学生と交流を深める機会に恵まれていたのである。そして中国や台湾の留学生も日本で民族運動を展開しており、中国や台湾の運動との相互作用のなかで朝鮮人留学生の独立運動は展開していた。それゆえ、二・八独立宣言は三・一独立運動の前史という朝鮮史の枠組みだけでは理解できない反面、朝鮮、中国、台湾の民族運動を東アジアというグローバルな視点で捉えるのに有効だといえる。

以上の論点に加え、もう一つ注目すべき点は、キリスト教との関係であろう。先述したように二・八独立宣言は在日朝鮮ＹＭＣＡで発表された。また、二・八独立宣言と同様に、あるいはそれ以上に、三・一独立運動もキリスト教と深い関連がある。三・一独立宣言書は天道教、キリスト教、仏教の合計三三人の宗教指導者が署名しているが（「民族代表三三人」と呼ばれる）、そのうちキリスト教は一六人で最も多い。独立運動とキリスト教との関係という視点も、二・八独立宣言や三・一独立運動の理解には欠かすことができない。

以下、日本社会への影響、東アジア民族運動との関係、そしてキリスト教という三つの論点に着目しながら、二・八独立宣言に至る朝鮮人留学生の独立運動を概観していくこととしたい。

1．韓国併合後の朝鮮人留学生――〈手段としてのキリスト教〉

朝鮮人留学生の啓蒙活動

韓国併合後の一九一二年、東京に留学する朝鮮人学生を網羅する団体として、「在東京朝鮮留学生学友会」（以下、学友会）が結成された。[*6] この団体の目的は、一つは留学生間の親睦を深めることであり、もう一つが民族運動、とくに朝鮮語出版物の刊行を通じた啓蒙活動を展開す

＊6　以下、本節についてはとくに注記しない限り、拙著『朝鮮独立運動と東アジア　1910－1925』（思文閣出版、二〇一三年）第二章による。

ることにあった。勉強が本分であるはずの朝鮮人留学生が啓蒙活動に注力した背景には、朝鮮を統治する朝鮮総督府の植民地政策がある。

宣言書でも厳しく批判しているように、朝鮮では朝鮮総督府の「武断政治」と呼ばれる政策によって、朝鮮人の言論、集会、結社の自由が著しく制限されていた。また、朝鮮人には高等教育を施さないという方針のもと大学も設置されなかった。それゆえ、朝鮮人は高等教育を受けるために、最も身近な「近代」都市である東京の大学に留学し、勉学だけでなく、日本の新聞紙法の範囲内で可能だった言論、出版活動に注力したのである。

このことは学友会の機関誌として一九一四年に創刊された『学之光』によく表れている。たとえば、現存するなかで最も古い『学之光』第二号（一九一四年四月）の巻頭辞では、「半島の民智を増発させることは、我ら留学生の重責」であり、「本誌は、理想と融和し、文明を紹介するための一機関としての便宜を提供」するものであると[*7]、日本で得た近代的な知識や文明を朝鮮に啓蒙していく意思を表明している。

〈手段としてのキリスト教〉

『学之光』には思想や理論、文芸作品などさまざまな記事が掲載され、言論の自由のない朝鮮でも読者を獲得していった。一九一八年三月発行の第一五号は一六〇〇部が印刷され、そのうち一八四部が朝鮮に流入している。また、この頃になると留学生は『女子界』（一九一七年七月創刊)、『基督青年』(一九一七年一一月創刊)などの朝鮮語雑誌も発行し、出版を通じた啓蒙活動をますます活性化させていた。そして、こうした活動を支えていたのがキリスト教であった。

日本で朝鮮語出版物を刊行する際、朝鮮人留学生を悩ませたのが、ハングルの活字を持つ印刷所が日本に多くないことである。こうした状況のなかで、朝鮮人留学生の出版物の大半を印刷したのは、クリスチャンの村岡平吉が経営し、各国の聖書の印刷を受け持っていた横浜の「福音印刷合資会社」であった(ドラマ「花子とアン」に登場する村岡印刷のモデルである)。さらに、『学之光』や『基督青年』には小林富次郎商店(現・ライオン株式会社)の「ライオン歯磨き」や、湘南のサナトリウム「南湖院」の広告が載っているが、両者とも経営者は東京の弓町本郷教会に通うクリスチャンである。広告料や印刷費の詳細はわからないが、朝鮮人留学生の出版活動は日本人クリスチャン抜きには成立しなかったといえる。

同様に在日朝鮮YMCAも重要な役割を果たした。学友会は自前の建物を持たない。そのため、留学生の下宿に『学之光』の発行所を置かざるを得ず、集会を開くにしても下宿では収容しきれないため、会場を探す必要があった。そうした状況のなかで留学生たちの活動拠点となったのが、在日朝鮮YMCA(以下、建物としてのYMCAと団体としてのYMCAを区別するため、後者については在日朝鮮YMCA(団体)と記す)である。

---

*7　編輯人「二號之光이 出現」『学之光』第二号、一九一四年四月、一頁。

在日朝鮮ＹＭＣＡ（団体）は一九〇六年に設立された（その機関誌が『基督青年』である）。朝鮮人の団体ではあるが、アメリカ人宣教師が運営に関わっていたほか、ニューヨークのＹＭＣＡから資金援助を受けていた。それゆえ、会費に頼る学友会よりも運営資金が安定しており、さらには二・八独立宣言の舞台となる自前の建物もあった。在日朝鮮ＹＭＣＡは、次第に『学之光』の発行所が置かれたり、学友会の総会が開催されたりするなど、キリスト教の普及という本来の趣旨から離れ、朝鮮人留学生の活動拠点と化していった。

このように朝鮮人留学生の啓蒙活動はキリスト教に支えられたものだったが、それは建物、印刷、広告収入といった信仰とは直接的な関係のないものであった。もちろん、留学生のなかに一定数のクリスチャンがいたのも事実であり、朝鮮の独立運動に理解を示していたわけでない村岡平吉ら日本人クリスチャンと学友会を結びつける役割を果たしたのは、彼ら朝鮮人クリスチャンであった。ただ、キリスト教信仰以上に、啓蒙活動や独立運動を有利に展開するためにキリスト教の施設を活用するという、いわば〈手段としてのキリスト教〉の要素が色濃く出ていたのが、一九一〇年代の朝鮮人留学生の運動であった。

合法的活動の限界

こうした朝鮮人留学生の啓蒙活動は、実力養成論にもとづいている。「先実力養成・後独立論」とも呼ばれ、宗主国である日本との直接対決を当面は避け、ひとまず朝鮮人の実力養成に努めるという考え方であり、その一環として留学生は『学之光』などを通して思想や理論などを啓蒙していた。つまり、朝鮮人留学生の啓蒙活動は独立を直接的な目標とするものではなく、合法的かつ穏健的なものであった。

一方、朝鮮の独立を目的とする団体の組織は治安警察法によって実質的に不可能である。そうしたなかで、朝鮮人留学生は中国人留学生との出会いをきっかけに、非合法の独立運動を展開していくことになる。

2. 東アジア反帝国主義ネットワークの形成――啓蒙活動から独立運動へ

対華二十一ヵ条要求と「第二の朝鮮」

日本の支配に苦しむ朝鮮や台湾の活動家にとって、中国人、とくに孫文やその周辺にいる活動家は頼れる存在であった。一九一一年に辛亥革命が起こると朝鮮から申圭植(シンギュシク)が上海に渡り、三民主義の一つとして民族主義を提唱していた孫文に朝鮮独立への援助を求めた。[*8] 他方、台湾

＊8　以下、本節については、とくに注記しない限り、拙稿「第一次世界大戦の勃発と朝鮮独立運動――対華二十一ヵ条要求をめぐる二つの戦略」『東アジア近代史』第一八号、二〇一五年三月および拙著『朝鮮独立運動と東アジア』第三章による。

の林献堂も一九一三年に上京した折、同地に亡命していた戴季陶と面会し、日本統治下の台湾人の苦境を救う方法を尋ねている。[*9] しかしいずれのケースも、革命後の中国の不安定な状況もあって、中国人活動家が朝鮮人、台湾人に積極的に手を貸すことはなかった。こうした状況は一九一四年に第一次世界大戦が勃発すると大きく変わる。

第一次世界大戦に参戦した日本は、青島でドイツ軍を破り山東半島の大部分の利権を手にすると、一九一五年一月一八日、袁世凱政権に二十一ヵ条要求を突き付けた。二十一ヵ条要求は、列強との協調の下に対華政策を展開するというこれまでの日本の外交政策から逸脱したものであり、中国ナショナリズムに日本という「単独敵」を設定させるという結果を招く。[*10]

以降、中国では反日運動が活発化していくが、注目すべきは、それと同時に朝鮮に対する関心が高まっていたことである。その顕著な例が『韓国痛史』である。同書は申圭植とともに上海で活動していた独立運動家の朴殷植（パクウンシク）が一九一五年六月に同地で発表した中国語の歴史書であり、康有為の経営する大同編訳局から刊行された。朝鮮が植民地化する過程を民族主義の視点で描いたものであり、国は滅びても魂が滅びない限り朝鮮民族は復活できることを伝えるのが、朴殷植の意図であった。しかし、康有為が『韓国痛史』を刊行した意図は朴殷植とは異なる。康有為は同書に寄せた序文で次のように述べる。

今、韓国痛史を読んでみると、ここには亡国した国が必ず経る過程がある…（中略）…我が国民はこの本を読み我が国の将来を恐れ憂慮すべきだ……（中略）……中国にはまだ希望があるとはいえ、第二の朝鮮になる日も遠くはない。

つまり、康有為は中国が「第二の朝鮮」、すなわち日本の植民地になるかもしれないという危機的状況において、すでに日本によって滅ぼされた朝鮮という先例に学ぶことで、中国の今後を考えようとしていたのである。『韓国痛史』はその参考文献だった。

こうした対華二十一ヵ条要求による日本に対する危機意識の高まりや、朝鮮に学ぶという姿勢は康有為に限られたものではなかった。とくに東京では、反帝国主義を共通項とする強固な協力関係が、朝鮮と中国の留学生によって築かれていく。

新亜同盟党

上海の朝鮮人活動家と同様に、東京の朝鮮人留学生も中国人留学生に朝鮮独立への援助を期待していた。対華二十一ヵ条要求から約一ヵ月後の一九一五年二月一一日、中国人留学生は東

＊9　若林正丈『台湾抗日運動史研究（増補版）』（研文出版、二〇〇一年）、四三頁。
＊10　川島真「関係緊密化と対立の原型——日清戦争後から二十一カ条要求まで」劉傑・三谷博・楊大慶編『国境を越える歴史認識——日中対話の試み』（東京大学出版会、二〇〇六年）、四六頁。

京で大規模な反対集会を開いた。こうした中国人留学生の反日感情の高まりを察知した外国語学校中国語科に通う朝鮮人留学生の河相衍（ハサンヨン）は、日本大学に通う中国人留学生の姚薦楠に独立運動への援助を求め、ついに同意を得た。以降、両者は同志集めに奔走し、北神保町の中華留日基督教青年会館での会合を経て、七月八日に東京の中華料理屋の中華第一楼で「新亜同盟党」という秘密結社を設立した。

新亜同盟党の目的は日本帝国主義を打倒し、朝鮮、中国、台湾を解放するために、朝鮮、中国、台湾の同志で協力し合うというものであり、団長には明治大学に通う中国人の黄介民が就いた。

メンバーはいずれの民族も留学生で約三〇名である。朝鮮人側は中国語に堪能で団体内では通訳を担った河相衍に加え、張徳秀（チャントクス）、申翼熙（シンイッキ）、金明植（キムミョンシク）、金度演（キムドヨン）など学友会の幹部を網羅するほどの気合の入れようであった。台湾側は、早稲田大学の蔡伯毅、のちに明治大学に進学し、台湾民族運動の旗手となる彭華英の二名である。

ところで、新亜同盟党は団長が中国人留学生で、会合の場所も中華留日基督教青年会館や中華料理屋、共通言語も中国語だったように、中国人が率いる組織である。その理由は、中国人参加者の顔ぶれをみると理解できる。

まず団長の黄介民は孫文の中国同盟会の会員で辛亥革命の一次革命に参加し、一九一三年三月に袁世凱によって宋教仁が暗殺されたことにより身の危険を感じ、同年、明治大学に留学した。姚薦楠も一次革命に参加、一九一三年の二次革命の失敗後に日本に渡り、日本大学に籍を置いた。そのほかにも陳其尤など辛亥革命経験者が複数確認できる。

つまり、中国人参加者は留学生ではあるものの、実質的には日本に亡命した革命家でもあったのである。革命運動の経験が豊富な中国人留学生が、朝鮮、台湾の留学生を導く組織が新亜同盟党だったといえる。朝鮮人留学生の立場でみれば、中国人留学生に導かれるかたちで、はじめて非合法の独立運動を経験することになった。さらにいえば、台湾人の蔡伯毅も中国同盟会の会員で一次革命に参加しており、同じ経歴の黄介民とは旧知の間柄であった。朝鮮人留学生と台湾人留学生を結びつけたという意味でも、中国人留学生の果たした役割は大きかった。

新亜同盟党の活動は二つあった。一つはメンバーの募集である。団長の黄介民は河相衍をともなって朝鮮半島に渡り同地で趙素昂（チョソアン）と、その後は中国の北京に移動して李大釗とも面会している。以降、趙素昂と黄介民が親交を深めていくように、新亜同盟党の反帝国主義ネットワークは東京から中国大陸まで拡大していった。

もう一つの活動は『韓国痛史』の配布である。同書の読み方は朝鮮人と中国人では異なっていたが、やはり東京でも両者を結びつける役割を果たしていた。なお、『韓国痛史』は河相衍が上海から密輸し、官憲に押収されるのを防ぐために、中華留日基督教青年会館で保管していた。ここでも〈手段としてのキリスト教〉の要素が垣間見える。

新亜同盟党が残したもの

新亜同盟党は一九一七年九月に、官憲による弾圧の可能性を考慮して自主的に解散した。しかし、新亜同盟党の真価は、次の二点で解散後に発揮されたといえる。

一つめは非合法の運動経験である。新亜同盟党の解散後、朝鮮人留学生のうち張徳秀は上海に渡り、同地で独立運動に従事する。また、金度演、崔八鏞（チェパルヨン）、田栄澤（チョンヨンテク）の三名は二・八独立宣言を主導することになる。そのほか数多くの独立運動家を輩出するが、その背景には、新亜同盟党で蓄積した独立運動家としての経験があっただろう。この点は台湾人留学生も同様であり、先述したように彭華英も、一九一〇年代の終盤から本格化する台湾人留学生の民族運動の旗手となる。

二つめはネットワークである。新亜同盟党の解散によって、党員募集によって築かれた東アジア規模のネットワークが消失したわけではなかった。とりわけ団長の黄介民は、上海に舞台を移して朝鮮人との協力関係の維持に努めていくが、このことは二・八独立宣言とも間接的に関係することになる。

3．民族自決と二・八独立宣言

民族自決とロシア革命、吉野作造

新亜同盟党の解散後、朝鮮人留学生は二・八独立宣言に向けて動きはじめる。「はじめに」で述べたように、二・八独立宣言はパリ講和会議で「民族自決主義を吾族にも適用せんことを請求」することを目的として作成された。また、朝鮮憲兵隊の史料にあるように、それは「在外不逞者〔在外朝鮮人独立運動家〕」と連携しながら展開された。そこで、まずは民族自決と海外での朝鮮独立運動の動きを押さえておきたい。

三・一独立運動に関する多くの研究が、民族自決はアメリカ大統領のウッドロウ・ウィルソンが一九一八年一月に発表した「十四ヵ条」で提唱し、朝鮮人はこれに期待した（そして失望させられた）と説明するが、やや正確さを欠く。[*11]

民族自決の問題を考えるうえで看過できないのが、ロシア革命である。一九一七年三月に勃発したロシア二月革命によって帝政ロシアに代わって誕生したロシア臨時政府は、四月に民族自決による平和の樹立を提唱した。さらに一一月のロシア一〇月革命によってレーニン率いるボリシェヴィキが政権を掌握すると、一二月末にアメリカなど第一次世界大戦に勝利することが濃厚な連合国に向けて、敵国（ドイツなど中央同盟国）の植民地民族に自決権を与える一方で、

＊11　以下、本節については、とくに注記しない限り、拙稿「第一次世界大戦の終結と朝鮮独立運動——民族「自決」と民族「改造」」『人文学報』第一一〇号、二〇一七年七月および拙稿「ロシア革命と朝鮮独立運動——現代韓国・北朝鮮の淵源」宇山智彦編『ロシア革命とソ連の世紀（五巻）越境する革命と民族』（岩波書店、二〇一七年）による。

自国の植民地民族にこれを与えないのは、結局は帝国主義の擁護であるという声明を出した。その背景には、社会主義の世界的な普及を目指すボリシェヴィキにとって、被支配民族はその重要な担い手として想定されていたという事情がある。ただ、人類の普遍的な権利としての民族自決という概念は、ロシア革命によって広められたといってよい。

ウィルソンの「十四ヵ条」はボリシェヴィキへの対抗措置として発表されたものだが、連合国側の植民地民族に自決権を与えることを約束するものでは決してなかった。それでもなお朝鮮人がウィルソンに期待した背景には、ボリシェヴィキのいう普遍的な権利としての民族自決と、ボリシェヴィキに帝国主義的であると批判されたウィルソンのそれがオーバーラップしていた可能性が指摘できる。

その可能性を最も重く受け止めていた日本人が、のちに朝鮮人留学生の理解者となる吉野作造である。吉野が『中央公論』に寄せた論説によれば、民族自決は「永久の平和」のための基礎としてボリシェヴィキが提唱し、これにウィルソンが続いたことにより、来るべき講和会議の「最も肝要なる一原則」となった。ボリシェヴィキの民族自決は「凡べての国の凡べての問題に適用」するものである一方、ウィルソンは「連合国側の属領地」は「問題外とする積り」である。そして、講和会議はアメリカ主導になることが予想されるため「朝鮮台湾が直接の問題とならない」。しかし、民族自決は「主義としては、すべて此原則が如何なる方面にも洽ねく行われん事を希望し、且つ期待するといふのが、今日世界に流る、思潮の大勢」である。それゆえ、朝鮮がパリ講和会議の問題にならなかったとしても「民族圧迫の態度を執るのは、即ち大勢に逆行するもの」であり、「早く植民地統治の方針を改め」るべきだと主張している。[*12]

吉野がこの論説を執筆したのは一九一八年二月一七日、すなわち二・八独立宣言や三・一独立運動の約一年前の時点で、民族自決に触発されて何らかの独立運動が起こることを予期していたのである。そして吉野が予期した通り、一九一八年の中頃から在外朝鮮人は、民族自決に積極的に対応していくことになる。

新韓青年党

新亜同盟党の解散後に上海に渡った張徳秀は、同地を根拠地に活動していた呂運亨(ヨウニョン)や趙東祜(チョドンホ)らとともに、一九一八年の夏頃から国際情勢について議論しはじめた。第一次世界大戦の終戦後の一一月二六日、ウィルソンの使者としてチャールズ・クレインがパリ講和会議への中国の参加を促すために上海に到着する。このことを知った呂運亨はクレインに接触し、朝鮮からもパリに代表を派遣したいと相談し、あくまでもクレインの個人的な意見ではあったが、援助したいとの回答を得ることに成功した。

＊12　吉野作造「講和條件の一基本として唱へらる、民族主義」『中央公論』第三三年第三号、一九一八年三月、九二～九六頁。

呂運亨（ヨウニョン）は一一月二八日に張徳秀（チャンドクス）、趙東祜（チョドンホ）らと対応を協議し、「新韓青年党」を結成すること、同党から金奎植（キムギュシク）を代表としてパリに派遣することを決めた。同じ頃、アメリカでも李承晩（イスンマン）がパリ講和会議に参加しようと画策していたが、これは失敗に終わる。そのため、新韓青年党のみならず、すべての朝鮮人を代表するかたちで、金奎植は一九一九年二月一日に上海からパリに向かった。

朝鮮独立運動において極めて重要な意味を持つパリへの代表派遣には、革命派の中国人も関わっている。新亜同盟党の団長だった黄介民は一九一七年に中国に戻り、翌年七月に上海で創刊された反日運動団体である救国団の機関紙『救国日報』を編集していた。黄介民は『救国日報』の記者として新韓青年党の趙東祜を雇用したり、救国日報社に上海の朝鮮人活動家を招いたりするなど、新亜同盟党のネットワークの維持に努めていた。救国日報社での交流を通して、趙東祜ら朝鮮人活動家に国際情勢についての情報が伝わった可能性があるだろう。

このネットワークとどのように関連するのかはわからないが、パリに代表を派遣する直接的な契機となったクレインを呂運亨に紹介したのも、中国の外交官であり、パリ講和会議に参加してヴェルサイユ条約への調印を拒否することになる王正廷だった。[*13] 王正廷は新亜同盟党のメンバーではなかったが、同団体の活動拠点であった中華留日基督教青年会の設立を準備し、黄介民と同様に中国同盟会に加入していた人物である。[*14]

このように、東京でも上海でも、革命派の中国人に支えられながら朝鮮独立運動は進展していたのである。

二・八独立宣言

上海で新韓青年党がパリ講和会議への代表の派遣を模索していた頃、東京の朝鮮人留学生も民族自決やウィルソンの発言をめぐって議論していた。ウィルソンが朝鮮独立のために尽力してくれると期待する留学生もいる一方、悲観的な認識を示すものもいた。たとえば、東京高等師範学校に通う徐椿(ソチュン)は、一九一八年一一月の学友会の会合で、フィリピンが未だ民族自決を提唱するアメリカの植民地である現状を根拠に、アメリカが無条件に朝鮮を独立させることはないと主張している。徐椿はのちに二・八独立宣言の署名者のひとりとなるのだが、ウィルソンが「連合国側の属領地」に民族自決を適用するつもりがないことを理解していたのである。

このようにすべての朝鮮人留学生がパリ講和会議での民族自決の適用に期待していたわけでは決してなかったが、それでも彼らが二・八独立宣言に向けて動きだしたのは、アメリカと上海の独立運動に触発されたからである。

＊13　呂運弘『夢陽　呂運亨』(青厦閣、一九六七年)、二一〇頁。
＊14　渡辺祐子「もうひとつの中国人留学生史――中国人日本留学史における中華留日基督教青年会の位置」『明治学院大学教養教育センター紀要』第五巻第一号、二〇一一年三月、一九～二一〇頁。

一九一八年一二月、青山学院に通う田栄澤は、日本で発行されている英字新聞*The Japan Advertiser*に「在米朝鮮人〔李承晩（イスンマン）を指す〕」がパリ講和会議に参加しようとしているという記事が載っているのを見つけた。さらに一九一七年末まで早稲田大学に留学し、その後は北京にいた李光洙が一九一八年末頃に東京に戻ることで、朝鮮人留学生は上海の新韓青年党がパリに代表を派遣する予定であることを知った。

学友会は一九一九年一月六日に参加者二〇〇名を超える会合を開いた。この会合では、海外の同胞が独立運動に着手している以上、留学生も具体的に運動を開始すべきであるということが議論され、その実行委員として、崔八鏞、金度演、白寛洙（ベククァンス）、李琮根（イジョングン）、宋継白（ソンゲベク）、崔謹愚（チェグヌ）、徐椿、田栄澤、尹昌錫（ユンチャンソク）、金尚徳（キムサンドク）の十名が選ばれた。そして、病気のため離脱した田栄澤を除く実行委員九名に、金喆寿（キムチョルス）と李光洙を加えた十一名が代表となって、「朝鮮青年独立団」が秘密裏に結成された。

その後、朝鮮青年独立団は三言語による宣言書の作成に着手した。宣言書が完成すると、独立運動の状況を朝鮮内外に伝えるために、宋継白が宣言書を携えて朝鮮に戻った。一方、李光洙は上海に移動して新韓青年党に合流、宣言書の中国語版が掲載されている機関誌『新韓青年』の編集に従事することになる。日本に残留した朝鮮青年独立団のメンバーは、二月八日に学友会の予算総会を開くという名目で留学生を在日朝鮮ＹＭＣＡに召集した。当然ながらこの予算総会というのは官憲の警戒をやわらげるための偽装であり、実際は、二月八日午後に崔八鏞が宣言書を朗読したのであった。

以上の二・八独立宣言の経緯を踏まえて、「はじめに」で概略を述べた宣言書の内容を補足しておこう。二・八独立宣言の直接的な契機は、パリ講和会議への代表の派遣であり、それゆえ同会議での民族自決の適用を求める内容になっている。しかし、宣言書はアメリカやイギリス、そして一九二〇年に発足する国際連盟に対する期待を表明する一方で、冒頭では「世界万国」に向けて独立を宣言しており、ほかにも「世界」が「正義」をもって「改造」されていることを評価する叙述もある。つまり、おそらくは朝鮮がパリ講和会議で議論される民族自決の対象から外れていることを知りながら、「凡べての国の凡べての問題に適用」される普遍的権利としての民族自決を要求しているのである。

宣言書は「正義と自由に基づいた新国家」として中華民国と革命後のロシア（ソヴィエト・ロシア）を高く評価する。革命派の中国人の支援に支えられながら、ボリシェヴィキが提起した民族自決を求めた朝鮮人留学生の独立運動を象徴する一節であろう。

4．日本社会への余波——メッセンジャーとしての朝鮮人留学生

日本知識人との交流の幕開け

二月八日の前に日本を出発した朝鮮青年独立団の宋継白によって宣言書が朝鮮に持ち帰られ、

これを一つのきっかけにして、朝鮮半島の宗教指導者が三・一独立運動に向けて動き出すことになる（三・一独立運動については、本書第三章の松谷論文を参照）。しかし本章では、視点をそのまま日本に置き、二・八独立宣言の日本社会への影響を浮き彫りにしていきたい。[*15]

二・八独立宣言を主導した朝鮮人留学生の多くは警察によって逮捕されてしまう。しかし、逮捕を逃れた卞熙瑢（ピョンヒヨン）、崔承萬（チェスンマン）、張仁煥（チャンインファン）らの留学生によって朝鮮青年独立団の活動は続けられ、二月二四日には東京の日比谷公園で集会が開かれた。この集会を主導した卞熙瑢らが、朝鮮人留学生と日本知識人との関係を劇的に変えていくことになる。

二・八独立宣言以前の両者の関係は、端的にいって希薄だった。もちろん個人的な付き合いは確認されるし、日本人クリスチャンとの交流もあった。しかし前述したように、朝鮮人留学生と関わった日本人クリスチャンはあくまでもキリスト教を介した同胞意識によって朝鮮人留学生に接触しており、独立運動に対する理解はほぼなかったといってよい。一方、朝鮮人留学生の反日感情も大きいものがあり、彼らの側から日本知識人に積極的に接触することもあまりなかった。実際、民族自決を評価し、その一年以上前から三・一独立運動の勃発を予見していた吉野作造にしても、一九一八年に朝鮮人と面会した記録はごくわずかである。[*16]

しかし、一九一九年二月九日以降、吉野はほぼ毎月のように朝鮮人留学生と顔を合わせるようになる。そのなかでも重要なのが、三月一九日の黎明会の例会である。

朝鮮人留学生が二・八独立宣言の準備をしている頃、ごく一部ではあるが、日本の知識人は第一次世界大戦後の世界が平和と民主主義の進歩に向かっていること、そうした「世界の大勢」に日本が順応していく必要性を痛感し、日本社会の「改造」を主張しはじめていた。そうしたなか、日本社会から「世界の大勢に逆行する危険なる頑冥思想を撲滅すること」を綱領に掲げ、吉野を中心として、大山郁夫、福田徳三など当時の名だたる進歩的知識人を網羅して一九一八年一二月に結成された思想団体が黎明会である。吉野が中心になっていることからもわかるように、黎明会は普遍的権利としての民族自決も世界「改造」の一つとして捉えていた。換言すれば、これを認めない帝国主義は日本から払拭すべき「世界の大勢に逆行する危険なる頑冥思想」の一つであり、それゆえ黎明会は植民地問題に関心を寄せていた。そうしたなかで起こったのが、二・八独立宣言とそれに続く三・一独立運動であり、黎明会は三月一九日の例会に朝鮮人留学生を招いた。

例会には卞熙瑢、崔承萬、張仁煥ら二月二四日の日比谷公園での集会を主導した朝鮮人留学生が代表として参加し、朝鮮人が独立を望んでおり、朝鮮人の同化は不可能だという意見を述べた。新聞報道からは独立運動に参加する朝鮮人の生の声は伝わらないなかで、吉野らにとっ

＊15　以下、本節については、とくに注記しない限り、拙著『朝鮮独立運動と東アジア』第四章および第六章による。

＊16　松尾尊兊『民本主義と帝国主義』（みすず書房、一九九八年）、二二七頁。

て留学生たちから独立運動に対する意見を直接聞いたことの意義は大きかった。黎明会は六月に「朝鮮問題の研究」を主題とする講演会を開催し、朝鮮総督府の統治政策を批判したが、この講演会には朝鮮留学生も多数参加しており、彼らは拍手で応えた。

このように、一部の日本知識人が帝国主義の払拭を日本社会の「改造」の一環として捉え、朝鮮のナショナリズムに理解を示す一方、朝鮮人留学生も反日感情よりも独立への思いを周知することを優先するようになり、両者の交流が幕を開けたのである。

朝鮮人に対する譲歩の動き

一方、黎明会とは異なった文脈で朝鮮人留学生に接触する日本人もいた。これについては、台湾の王育徳による次のような叙述がある。

〔三・一独立運動後の〕ある日、大日本平和協会（会長阪谷芳郎男爵）が、主だった台湾と朝鮮の留学生を招待して懇談会を開いた。日本は早く二つの植民地に自治を与えなければいけないという日本人側の発言に、台湾学生は、さもわが意を得たりと喜んだのに対して、朝鮮学生は独立でなければいやだと席を蹴って退場したというエピソードがある。台湾人が意気地なしというよりも、双方の歴史的背景の相違と見るべきであろう。

大日本平和協会はクリスチャン、渋沢栄一ら財界、阪谷芳郎ら政界の関係者からなる平和団体である。この団体も三・一独立運動に関心を寄せ現地調査も実施したが、朝鮮人が独立を求めていることは理解しておらず、朝鮮総督府の武断政治に朝鮮人が不満を抱き、それゆえ三・一独立運動が勃発したと認識し、統治方式の改善を要求していた。[*17]

したがって、(どれだけ真剣に考えていたかはともかく)大日本平和協会が朝鮮人留学生に自治を提案したのは、日本の支配に対する朝鮮人の不満をやわらげ、大規模な独立運動の再発を防ぐためである。黎明会が朝鮮のナショナリズムに対する理解を示したなら、大日本平和協会は朝鮮人に対する譲歩を示したといえるだろう。また、こうした団体の懇親会に朝鮮人留学生が出席していることからも、彼らが日本人に独立への思いを周知することをどれだけ重視していたかをうかがい知ることができる。

朝鮮人留学生と台湾人留学生

大日本平和協会の懇親会には台湾人留学生も出席しており、自治をめぐって、独立を求める朝鮮人留学生とは全く異なる反応を示した。自治の是非はともかく、朝鮮人留学生の存在は台

---

*17 坂口満宏「国際協調型平和運動――「大日本平和協会」の活動とその史的位置」『キリスト教社会問題研究』第三三号、一九八五年三月、一二〇～一三一頁。

湾人留学生が自治をめざす背景の一つになっている。

新亜同盟党の事例はあるものの、留学生を中心とする台湾民族運動は一九一八年頃から本格化し、当初は内台差別の撤廃、すなわち台湾人が内地人（日本人）と同等の権利を得るために、日本に同化されることをめざしていた。しかし、次第に同化ではなく文化的アイデンティティを守るために自治の獲得を目指すようになる。台湾総督府によれば、その理由は三・一独立運動によって留学生らが「台湾は台湾人の台湾」であることを自覚するようになったからだという。

台湾島内で三・一独立運動に関する報道が制限されていたことを踏まえれば（第四章の紀旭峰論文を参照）、こうした方向転換には、新亜同盟党以来の付き合いがあった朝鮮人留学生から台湾人留学生に独立運動の情報が直接伝わったことが大きいと考えられる。自治と独立という根本的な方向性の違いはあるものの、一九二〇年代に入ると、朝鮮と台湾の留学生の交流は活発化していくことになる。

在日朝鮮人への着目

卞熙瑢が黎明会の例会に出席した三月一九日には、大阪でも独立宣言書の配布が試みられた。その数日前、卞熙瑢は慶應義塾大学の後輩の廉想渉（ヨムサンソプ）と大阪で集会を開き、宣言書を配布する計画を話し合った。廉想渉は大阪に向かい、三月一九日に天王寺公園で独立宣言書の配布を試みた。注目すべきは、この宣言書が「在大阪韓国労働者一同」名義で作成され、大阪の朝鮮人労働者を対象にしていたことである。

一般的に「在日朝鮮人」とは、日本に定住する（あるいは定住志向のある）朝鮮人を指す。その意味では、卒業後に朝鮮に戻る予定の留学生は在日朝鮮人には含まれず、彼らの独立運動も日本社会で生きていくことを選んだ朝鮮人労働者のための運動ではない。あくまでも日本での運動を通して朝鮮の独立を目指す、日本地域における朝鮮独立運動といってよいものである。

一方、一九一九年の日本在住朝鮮人はちょうど二万人を超えたところであり、そのなかでも大阪には最も多くの朝鮮人労働者が暮らしていた。廉想渉はこうした状況に着目して、天王寺公園で「在大阪韓国労働者一同」名義の宣言書を配布しようとしたのである。

もっとも、宣言書には朝鮮人労働者の置かれている過酷な労働環境などについての言及はなく、廉想渉自身も一九二〇年に朝鮮に戻り、小説家に転身する。在日朝鮮人のための運動という点では多くの限界があった。しかし、日本における朝鮮独立運動から在日朝鮮人の運動への小さな変化が、二・八独立宣言後の留学生によって生み出されていたのである。

おわりに

これまで朝鮮人留学生の独立運動を概観しつつ、三・一独立運動の「導火線」という評価に回収されない、二・八独立宣言の独自の論点を提示してきた。とはいえ、論点というよりは課題といったほうがふさわしいかもしれない。

たとえば、朝鮮人留学生の独立運動は何よりも革命派の中国人に支えられた運動であったが、その一方で、三・一独立運動が中国の五四運動に影響を及ぼしたという評価もある。五四運動を含めて、中国ナショナリズムの視点から朝鮮独立運動を分析する必要があるだろう（第五章小野寺論文）。同様に、朝鮮人留学生の独立運動が台湾人留学生に与えたインパクトについても、台湾人留学生の視点から検討しなければならない（第四章紀旭峰論文）。

二・八独立宣言が日本社会に及ぼした影響について、本章では朝鮮人留学生が独立への思いを日本人に伝えるメッセンジャーとしての役割を果たしていたことを指摘した。また、日本知識人の反応としては、ナショナリズムに対する理解と譲歩の動きがあったことを述べた。しかし、朝鮮憲兵隊の「導火線」の認識のように、支配当局にとって二・八独立宣言は留学生の危険性を認識する契機となったはずであり、彼らに対する弾圧や懐柔の動きも出てきたはずである。こうした状況のなかで、朝鮮人留学生が二・八独立宣言後に何を考え、どのように行動したのかを解明することも重要な課題である（第二章裵姈美論文）

キリスト教の問題については、本章では、信仰や教義よりも、建物をはじめとする施設を独立運動を有利に進めるために活用する、いわば〈手段としてのキリスト教〉の要素がみられることを述べた。とはいえ、本章では運動とキリスト教の教義や信仰との関連性については分析していない。この点については、二・八独立宣言以上にキリスト教の影響が指摘されてきた三・一独立運動をあわせて分析することで明確になるだろう（第三章松谷論文）。

このように残された課題は多い。しかし、それは二・八独立宣言を東アジア規模で議論することの意義や可能性を示すものでもあるだろう。また、当然ながら東アジア規模で議論すべきテーマは二・八独立宣言に限られたものではなく、東アジア諸民族の連帯の動きも第二次世界大戦後、さらには現代まで継続してみられる現象である。その意味では、二・八独立宣言が東アジア現代史の理解にどう寄与し得るかを考察することも重要である（第六章鄭栄桓論文）。

以下、本書では、東アジアを横断する空間的な視座と、一九一九年から現代までの時間軸によって、これらの論点や課題が深まっていくはずである。

参考文献

小野容照「ロシア革命と朝鮮独立運動――現代韓国・北朝鮮の淵源」宇山智彦編『ロシア革命とソ連の世紀（五巻）越境する革命と民族』（岩波書店、二〇一七年）
――「第一次世界大戦の終結と朝鮮独立運動――民族「自決」と民族「改造」」『人文学報』第一一〇号、二〇一七年
――「第一次世界大戦の勃発と朝鮮独立運動――対華二十一ヵ条要求をめぐる二つの戦略」『東アジア近代史』第一八号、二〇一五年
――『朝鮮独立運動と東アジア 一九一〇～一九二五』（思文閣出版、二〇一三年）
小野信爾『五四運動在日本』（汲古書院、二〇〇三年）
長田彰文『日本の朝鮮統治と国際関係――朝鮮独立運動とアメリカ 1910－1925』（平凡社、二〇〇五年）

松尾尊兊『民本主義と帝国主義』（みすず書房、一九九八年）
山室信一『思想課題としてのアジア――基軸・連鎖・投企』（岩波書店、二〇〇一年）

第二章　二・八独立宣言後の朝鮮人留学生――「同化」から「内鮮融和」との闘いへ

裵姈美（ベヨンミ）

はじめに

一九一九年二月八日、朝鮮人留学生（以下、留学生）は東京で独立を「宣言」し、独立の要求が受け入れられなければ日本に対して「永遠の血戦」を敢行するという「決議」を行った。この二・八独立宣言は、朝鮮では独立運動の担い手としての留学生の役割やそれに対する期待を、日本では留学生運動に対する警戒を高めるきっかけとなった。一九一九年二月一九日に開かれた衆議院予算総会で、留学生運動に対する取り締まりはどうなっているのかという、衆議院議員・佐々木正蔵の質問に対して、朝鮮総督府度支部長官・鈴木穆（しずか）は、二・八独立宣言を「誠に一大失態」だとした上、朝鮮本土には何の影響もないと答えた。[*1]

しかし実際には、東京では二月末まで集会が開かれるなど、運動が続いていった。朝鮮で三・一独立運動が起きると、留学生は同盟休校して朝鮮に帰ったり海外の朝鮮人との連携を図りながら運動を継続した。五月一五日までに三五九名もの留学生が朝鮮に帰ったが、この数は当時東京の朝鮮人留学生の半数を超える。四月一一日に中国・上海で作られた大韓民国臨時政府に身を投じた留学生は二十三名もいた。[*2]

このように、二・八独立宣言は何の影響もないどころか、三・一独立運動だけでなくそれ以降の独立運動につながった。また二・八独立宣言、三・一独立運動の経験は留学生自身の現実認識や運動のやり方にも変化をもたらし、最もダイナミックに展開された一九二〇年代の在日朝鮮人（留学生を含む）運動の土台を築いた。一方、朝鮮総督府（以下、総督府）や日本の治安当局は、第二の独立宣言を起こさせまいと、留学生に対する取り締まりや管理体制を整備していった。

本稿では、二・八独立宣言以降一九二〇年代半ばまで、留学生の現実認識や運動、取り締まりや管理体制など彼らを取り巻く状況がどのように変わったのかについて、一、現実認識の変化、二、「内鮮融和」[*3]との闘い、三、管理体制の整備に分けて検討してみる。

1. 留学生の現実認識の変化

一九一九年までの一九一〇年代は、日本の植民地となった朝鮮では総督府の暴力的な支配（＝武断統治）と差別を前提とした同化政策が行われていた。同時期、朝鮮半島の外では、第一次世界大戦、中国に対する日本の二十一ヵ条要求と反対運動、ロシア革命、シベリア出兵と米騒動、世界大戦の終結とパリ講和会議へと続く大激動の時代を迎えていた。

とくに、アメリカのウィルソン大統領が打ち出した民族自決主義は多くの被植民地や弱小民族に独立や自立の夢を抱かせた。実際、一九一八年末からパリ講和会議が開催されるころまで、ポーランド、チェコスロバキア、ハンガリーが独立したり新政府を作った。また一九一七年一〇月にはアメリカ・ニューヨークで二十五ヵ国・民族の代表が参加した「弱小民族同盟会議」が開かれ、パリ講和会議における弱小民族代表の発言権を要求した。朝鮮人は在米朝鮮人の独立運動団体である大韓人国民会のハワイ地方総会代表として朴容萬(パクヨンマン)が参加した。翌一九一八年一二月に開かれた第二回会議では、パリ講和会議における民族自決主義の適用と新しく創立する国際連盟への弱小国の参加を求める決議案が採択された。このときは鄭翰景(チョンハンギョン)、閔賛鎬(ミンサンホ)が朝鮮人代表として参加し、ウィルソン大統領とアメリカ上院に独立請願書を提出した。[*4]

＊1　「衆議院予算総会」『読売新聞』一九一九年二月二〇日付。度支部は朝鮮総督府の財務関係をつかさどる部署であったが、一九一九年八月の官制改正により新設の財務局に改められた。

＊2　警保局保安課「朝鮮人概況」大正九年六月三〇日（朴慶植編『在日朝鮮人関係資料集成』第一巻、三一書房、一九七五年所収）。二十三名には二・八独立宣言以降に渡った者だけでなくそれ以前に留学を終えて中国に渡っていた者も含まれている。

＊3　「内鮮」の「内」は植民地本国（＝内地）の日本、「鮮」は被植民地朝鮮に対する蔑称の「鮮」のことで、「内鮮」とは日本と朝鮮を意味する。

このような動きに励まされ、二・八独立宣言と三・一独立運動が起きたのである。しかしながら朝鮮の独立が議論される余地もなく、朝鮮人の念願はかなわなかった。この結果を、留学生たちはどのように受け止めたのだろうか。挫折して独立への夢を放棄したのか、あるいは違う道や次のステップを模索しようとしたのだろうか。間接的ではあるが、彼らの世界観と民衆へのまなざしがどのように変わったのかを考察することで、この問いに対する答えを探ってみたい。

(1) 世界観の変化

第一次世界大戦中は、東京の留学生組織、学友会の機関誌『学之光』紙面から、優勝劣敗・弱肉強食や戦争を、民族の発展にとって必要不可欠な一つの関門として、肯定的、必然的なものと受け止める認識がうかがわれた。たとえば、民族同士の「接触」は各民族の「自立自存の気運」を高めて世界大戦までを引き起こすが、戦争は「文明伝播の原動力」にもなるし、「各民族が勃興すれば戦争と奮闘は逃れられない。戦争は民族に対する神の試験であり、神の経済である」とみていた。[*5] また、「経済的競争場裡に失敗した者は、個人なら社会の脱落者、民族なら民族的競争の失敗者になって滅亡を免れまい。優勝劣敗は無情な鉄則であり、自然淘汰は人力ではどうすることもできない生物界の大勢である」と、弱い者の脱落、淘汰は当たり前であると認識していた。[*6] しかし、長引く戦争とその惨禍、西洋列強の暴力ぶりは、留学生に正義や人道で飾っていた西洋中心の世界観や現代文明に対する懐疑を持たせるようになった。[*7]

では、戦争が終わり、パリ講和会議にかけられた期待が裏切られた後、留学生の世界をみる目はどのように変わったのか、いくつかの文章を通じてみてみよう。

まず『学之光』に載った三つの文章を紹介しよう（原文は漢字ハングル混用文、日本語訳および傍線と〔 〕は引用者による）。

①初めて米国大統領ウィルソンの十四ヵ条宣言を聞いた時、すでに世界改造の大事業がほとんど完成したと考える楽観者もいなかったわけではない。しかし、パリ講和会議が進むにつれて、あまりに甘い期待を寄せていた楽観者のほとんどは一度落胆するようになった。正義とか人道とか語るが、これはみんな自国の利益を本位とする仮装的外交的辞令に過ぎないと冷笑する人もいた……この戦争が終わって一時的な平和時代になっても再び戦争時代

＊4　朴賛勝『대한민국의 첫 번째 봄 1919』다산초당、二〇一九年、四八～五二頁。

＊5　李景俊「非常時代와 民族」『学之光』第四号、一九一五年二月。

＊6　務実生「企業論」『学之光』第三号、一九一四年一二月。ほかにも第六号（一九一五年七月）の金利俊「出陣하는勇士諸君에게」、未詳「社会의 更生（具体的活動方式）」など、『学之光』には同じような論調の文章が多数掲載されている。

＊7　徐椿「欧洲戦乱에対한三大疑問」、李光洙「우리의 理想」（『学之光』第一四号、一九一七年一二月）など。

が来ることは明らかである……と、むしろ逆に軍国主義的発言をするようになった人もいた。[*8]

②何を野蛮といい、何を文明人というのか……仮に殺人強盗を野蛮というならば、その軍隊を遠くまで行かせて、他〔国〕の主権を侵害し、他民族を虐殺して向上を阻害し、発展をさえぎって内外に殺戮が至らぬところがないのに、これを、いわゆる文明人が行えば正義、公道といえるだろうか。わたしは文明人、野蛮人はただどれほど殺人機が発達し、どれほど強奪術が進歩したかによって区別されているだけで、決して他〔の区別基準〕はないと断言する。万が一、殺人強盗を野蛮というならば、いわゆる文明人は野蛮の中の大野蛮というのが理にかなうのではなかろうか……人類社会は善悪もなく、文明・野蛮もなく、ただ自由があって平等がある大自然の世界でなければならない。[*9]

③今日、我々が今まで持っていた、すべての伝統と制度と道徳と文明を疑うようになった。それらに対して不平不満をより強く持ち、ある新しい方向と進路を探ろうと努力するようになった。だから、或いは世界主義を宣伝し、或いは社会共産主義を主張し、或いは男女平等を叫び、甲唱乙叫囂々とうるさい。実に今日ほどに人類が不平不満を多く持ったことがなく、活動が猛烈だったこともない。この猛烈な活動は必ず人類に長足の進歩、向上をもたらす……我々は政治的に、社会的に、知識方面に、産業方面に、すべての現状に徹底

して不平不満を持って徹底した奮闘と努力で活動すべきである。[*10]

二・八独立宣言の際に作成、配布された「宣言書」には、「世界改造」の主役たるアメリカとイギリスには、日本による朝鮮の保護国化・植民地化を率先して承認した「旧悪」を償う義務があり、国際連盟が実現すれば軍国主義的な侵略を敢行する強国はなくなると、国際連盟や英米に対する希望と期待が込められていた。それが、文章①のように、列強のいう正義、人道は外交辞令に過ぎず、自国の利益ばかり優先するあまり、戦争は繰り返されると、それまでの期待と希望は失望と批判へと変わった。文章②では、列強は、文明・優者・強者VS野蛮・劣者・弱者を対抗させ、前者の自分を善、後者の弱小民族・国家を悪と区分するようだが、列強の優れているのは他民族や他国をつぶす軍事力しかないと批判し、自由・平等を訴えている。英米中心の世界秩序に対する批判的認識は、のちのワシントン会議（一九二一年一一月〜一九二二年二月）の際に展開した、第二の独立宣言・請願運動の失敗によってさらに強まることになる。[*11]

一方、批判や落胆から一歩進み、留学生が新たに期待をかけるようになったものがある。文

*8　金俊淵「世界改造와 吾人의 覚悟」『学之光』第二〇号、一九二〇年七月。
*9　姜済東「不可思議」『学之光』第二二号、一九二一年六月。
*10　金恒福「이것이 人生이다」『学之光』第二一号、一九二一年一月。

章③に記されている、政治・経済・社会などあらゆる分野における従来の矛盾や問題を乗り越えようとする「奮闘と努力」、つまり政治・社会運動のことである。かつてない「猛烈な活動」=各種運動が行われている今日の世界に歩調を合わせ、朝鮮も過去を破って新しい未来を切り開いていこうとする意気込みが感じられる。これは、朝鮮は正義と自由、民主主義に基づいて新しい国家を建設すれば、必ずや世界の平和と人類の文化に貢献できる、だからこそ独立すべきであると主張した二・八独立宣言書の文脈とも相通じる。そして留学生にしてこのような前向きの文章を書かせたのは、なにより、国の主権を奪われた植民地の弱小民族である朝鮮の民衆の三・一独立運動だった。

周知の通り、三・一独立運動は五月まで続き、運動の舞台も日本、中国、ロシア、アメリカ各地に広がり、集会の数は一七九八回にのぼる。[*12] その間、学生は同盟休校、商人や労働者は同盟ストライキ、農民は農作業を中断して集会に参加するなど、朝鮮人の多くが運動の主役として独立を叫んだ。こうした経験は、朝鮮民族としての自覚やプライドの高揚につながると同時に、階級や階層意識の発見にもつながった。一九二〇年代、大激動の時代は朝鮮にも訪れ、植民地支配下という制約はあるものの、労働者・農民・学生運動など、実に多様な政治、社会、文化運動が展開された。そして朝鮮、朝鮮民衆に対する留学生の認識も変わっていく。

(2) 民衆の発見と労働者との連帯

『学之光』にみられる留学生の朝鮮および朝鮮文化認識は、男尊女卑や両班中心の身分制度、祖先崇拝、商工業の軽視、儒教そのものなど、「旧習」批判が主だった。[*13] ところが、一九一六年ころから、朝鮮人としてのプライドを持ち、誇らしい伝統に相応しい未来を作っていこうという意志が見受けられる文章が増えていく。[*14] 批判対象の儒教的「旧習」は後からできた「後天

*11 ワシントン会議は、海軍軍縮問題、日英同盟、山東省利権などの中国問題、シベリアからの撤兵など、パリ講和会議が残した問題や参加各国の東アジア・太平洋地域における権益の再整理を議論するために、アメリカ、イギリス、フランス、イタリア、中国、オランダ、ベルギー、ポルトガルと日本が参加して開いた国際会議である。朝鮮人は一九二〇年、アメリカの議員のアジア（日本、中国、朝鮮）訪問のときもワシントン会議のときも、朝鮮の独立を訴えようと積極的に働きかけた。その一環として留学生は、米議員の東京訪問や日本の全権委員のワシントン行きに合わせて集会を開くなど行動に出た。とくにワシントン会議のときには同盟休校、一斉帰国といった団体行動を起こしたため、東京では注目、警戒された。

*12 국사편찬위원회 삼일운동 데이터베이스(http://db.history.go.kr/samil)

*13 眉湖生「謹告我半島父兄」（第三号）、宋鎭禹「思想改革論」（第五号、一九一五年五月）、盧翼根「経済振興에 対한 余의 意見」（第六号）、田栄澤「旧習의 破壊와 新道徳의建設」（第一三号、一九一七年七月）、秋峯（張徳秀）「両班의衰亡과 撲滅論」（第一五号、一九一八年三月）など。

*14 研語生「朝鮮語学者의誤解」、天外子「支那地方에 朝鮮遺跡」（第一〇号、一九一六年九月）、呉祥根「朝鮮史의各時代」、金道泰「우리의 이름」、李丙燾「閨房文学」（第一二号、一九一七年四月）、極光「最近의文明消息」（第一四号）、李丙「読書偶感」（第一五号）、極光「朝鮮文化의遺跡一覧」（第一七号、一九一八年八月）など。

的」弊害であって、もともとの朝鮮文化の「本源」にはすばらしいものがあるという論調である。[*15] このように、朝鮮固有の伝統・文化を儒教的「旧習」と切り離し、前者から新しい可能性を見出そうとする認識は、のちに二・八独立宣言書を起草する李光洙(イグァンス)の「우리의 理想」(『学之光』第一四号)に顕著にあらわれる。世界大戦について「現代文明の欠陥を暴露したもので、この戦乱が終わると時代文明には大混乱、大改革が生じ」、西洋はもはや「文化的宗主権」を持ちきれなくなると記されている。まさに今が、東洋人、なかでも美しい自然や歴史を持つ朝鮮人にとって「世界文化史上で一大活躍」できる「絶好」のチャンスであるとみていたのである。そして三・一独立運動以降、朝鮮や世界各地で展開されていた労働者、農民、女性など民衆の運動を見聞きするなか、留学生は運動の主役としての民衆を発見するようになる。

中等以上の教育、とりわけ留学は経済力のある少数のエリートしかできなかった時代、留学生は朝鮮を担うリーダーとしての責任と使命感を強くもつ反面、民衆に対しては受動的存在、啓蒙や指導の対象という見方をもっていた。このような一種の「愚民観」は、「民衆は無知なもので将来を予想する判断力が欠けており、仮に少数の先駆者に正しい道へと導いてもらったとしても、到底短い歳月ではそれに気がつかない……よくない因襲と伝統の泡の中でおぼれている」という、朴錫胤(バクソギュン)の「「自己」의 改造」(『学之光』第二〇号)に露骨にあらわれる。その「愚民観」の転換がわかる文章を紹介しよう。

①世界大戦の教訓は偉大である。かつては、世界改造という問題は、少数の先駆者の問題に過ぎなかった。少数識者の卓上空論に過ぎなかった。だけど今は、我々が生きてきた世界は根本的に壊してしまい、新しい世界を作っていかねばならないということが、一般民衆に深刻に印象づけられるようになった。[*16]

②まず、我々は自己を改造せねばならない。利己の反対の利他的に、共公的〔公共的〕に、個人の反対の団体的、社会的に、我々は長久なる歴史を誇るより、華麗な江山を誇るより、まず我々民衆を誇らなくてはならない。[*17]

ほかにも、文章①の筆者で学友会会長だった金俊淵（キムジュニョン）は、「旅行雑感」（第一九号、一九二〇年一月）で、一般民衆が「覚醒」して「世界改造を主唱し、地球の全表面上には黎明の光が投射されようとしている」と書き記した。また、文学者でもあった田栄澤（チョンヨンテク）は「凡人의 感想」（第二〇号）で、一部の少数者の叫びに過ぎなかった運動が、今は「民衆の自覚によって起こっているのをみる

＊15　編集人「富의 必要를 論하여 商工業勃興의 急務에 及함」（第一二号）。
＊16　金俊淵「世界改造와 吾人의 覚悟」第二〇号。
＊17　尹相喆「外観内省」第二一号。

と、どうも全人類が共通の理想をもって千年もの間努力してきた効果が出て、それが実現する機運が生じ、ようやく理想的新世界が訪れた」と述べている。このように、「改造」つまりあらゆる改革・変革運動の主体としての民衆、「誇らしい」民衆に注目する文章は少なくない。

こうした民衆観の変化は日本で留学生活を送っていたこととも関連する。一九一九年以降、日本への留学規制と渡航制限が緩和されると、多くの学生と労働者が日本に渡った。一九一九年と一九二二年を比較すると、労働者は二倍強、留学生は五倍弱にまで増えた。留学生の中には学費や生活費を工面しようと、アルバイトをしながら学校に通う苦学生（半労働者）も多く、学生と労働者の距離が近くなった。労働者はもはや留学生の「他者」ではなく「自我」の一部になったのである。このようなときに起きた中津川（信濃川）朝鮮人労働者虐殺事件は朝鮮人労働者同士の団結、労働者と留学生の連携、日朝労働者の連帯を促進させた。

この事件は、一九二二年、新潟県中津川の水力発電所工事現場で働いていた朝鮮人労働者約六〇〇名が、厳しい監視の下、民族差別と重労働、虐待に苛まれ、少なくとも一二名が虐殺（死亡・重傷）されたことを指す。七月末、見出しに「虐殺死体」を明記した『読売新聞』の報道によって惨状が知らされると、朝鮮人は東京・ソウル間で迅速かつ緊密に連携し、調査団を作って現地調査に向わせ、その調査結果をもって真相究明、責任追及、再発防止を求める集会を開いた。当該会社と治安当局の真相隠ぺいと抗議活動への弾圧によって運動は難航したが、東京の抗議集会に三千名が集まるほど、日本にも大きな波紋を呼んだ。その結果、東京朝鮮労働同盟会（同年一一月）をはじめとする朝鮮人労働者の組織化が進んだ。この事件をタコ部屋や労働搾取など深刻な労働問題ととらえた日本の社会主義・労働運動関係者も大きな関心を示した。同じ事件をめぐって植民地支配に問題の核心を求める朝鮮人と、労働問題の一つと捉える日本人の間には確かな温度差があったが、朝鮮人・日本人労働者の連帯が促進されるきっかけにはなった。[*18] 留学生がこのような動きの先頭に立ったのは言うまでもない。

2.「内鮮融和」との闘い

一方、三・一独立運動以降、総督府の朝鮮統治方針は、朝鮮人に日本人化を強制する一方的な「同化」から、より温和で双方向的なニュアンスの「融和」に改められた。「融和」は、「同化」を基調としつつも、差別待遇の緩和と独立運動対策としての朝鮮人エリートの懐柔・包摂を重視するものだった。その一環として、二・八独立宣言の主役であり若手エリートの留学生に対しても「内鮮融和」のスローガンの下、統制を強化しつつも支援を行うなど、さまざまな対策を講じるようになった。

＊18　中津川朝鮮人労働者虐殺事件に関する詳細は、拙稿「一九二二年、中津川朝鮮人労働者虐殺事件」（『在日朝鮮人史研究』第四〇号、二〇一〇年一〇月）を参照されたい。

（1）日本人の「内鮮融和」と留学生の抵抗

総督府による新しい留学生対策は日本各界の有志に留学生支援事業を促すことから始まった。まず一九一九年一一月、朝鮮総督府政務総監の水野錬太郎は東京で留学生問題解決のための懇談会を開いた。そこで、二・八独立宣言の舞台であり独立運動の拠点となっていた在日本東京朝鮮基督教青年会会館で留学生が寝泊りすることを禁止し、留学生を支援する有志には総督府が「相当な援助」をすることが約束された。日本の真ん中で独立運動を起こした留学生を、それまで通りに憲兵大尉の留学生監督と警察だけに任せては「大局の上に忍びない」ため、より広い範囲の囲い込みが必要とされたのである。

このような総督府の意思を受けて日本の各界は「内鮮融和」を掲げた支援団体として向学会、輔仁会、日本組合協会の朝鮮・朝鮮女子学生会、仏教朝鮮協会などを作った。これら団体の主な事業は寄宿舎運営だった。当時東京には「朝鮮人お断り」との表札をかけた下宿屋も少なくなく、朝鮮人に対する民族差別が公然と行われていた。家賃の工面も厳しかった留学生、特に苦学生は民族差別のために住居探しに困っていたのである。寄宿舎事業はこのような現実問題を解決するためであった。

二・八独立宣言と直接関連する理由もあった。当時東京の麴町区中六番町（現在、千代田区四番町）には一九〇五年に日本が大韓帝国の外交権を奪うまで駐日韓国公使館だった建物があり、[*19]公使館閉鎖後には留学生監督部の下で寄宿舎として使われていた。二・八独立宣言の際、留学生監督が運動に参加したことを理由に三名の舎生を退舎させると、舎生五一名が退舎措置に抗議し、同盟退舎した。[*20] 寄宿舎は管理側にとっては日常生活全般を統制できる場である一方、舎生にとっては安い住居空間であり集団での共同生活、共同行動ができる「たまり場」であった。それゆえ、寄宿舎は総督府と留学生、両方のニーズが合致するものであったが、その空間に求める役割や意味は相反するため、対立は必然的に起こったと言える。

日本人の支援団体が作った寄宿舎は、当初は住居確保を望む留学生に歓迎された。しかし、総督府の統治方針である「内鮮融和」が支援の趣旨として掲げられたことや各団体と総督府との直接・間接的関係、寄宿舎管理者の高圧的、差別的な態度や運営失策などに対して、舎生らは集団退舎などで抗議するようになった。そのあげく、二〇年代半ばにはすべての寄宿舎が残らなくなり、団体もほぼ有名無実になってしまう。

他方、留学生自らが寄宿舎を建てる動きもあった。苦学生団体の蛍雪会が朝鮮と日本の団体及び個人の支援を得て一九二三年六月、寄宿舎を完工させた。ところが、支援してくれた日本人や団体が寄宿舎完成を「内鮮融和」のシンボル、成功例として宣伝することに抗議し、せっかく完成した自分たちの寄宿舎から同盟退舎した。こうして、「内鮮融和」の名の下に日本人

＊19　国会図書館「写真の中の明治・大正」(https://www.ndl.go.jp/scenery/data/172/)
＊20　前掲文書、「朝鮮人概況」。

が関わった寄宿舎はすべて消えた。[*21]

以上の事例は、住居確保の必要性より、自分たちへの支援が「内鮮融和」に利用され、つまるところ民族運動の無力化と留学生の包摂につながることに対する拒否感のほうが強かったことを示してくれる。だが、留学生の闘いの相手は日本人による「内鮮融和」だけではなかった。

（2）朝鮮人の「内鮮融和」との闘い

三・一独立運動以降、朝鮮人の政治運動は総督府のサポートを得て本格化した。主なものは自治請願と参政権請願運動だった。両方とも日本による植民地支配の継続を前提にするが、前者は自治つまり朝鮮内政の独自化を図って朝鮮人が朝鮮社会における政治経済的な影響力を確保することを、後者は日本と朝鮮を完全に統合して朝鮮人が選挙を通して帝国議会に進出できることを、それぞれ求める運動だった。[*22]

住居に困っていながらも寄宿舎から退去するほど「内鮮融和」に抵抗していた留学生にとって、自治請願と参政権請願運動は総督府の「内鮮融和」に迎合した朝鮮人ブルジョアの親日政治運動にほかならなかった。それゆえ、留学生の梁槿煥（ヤングヌアン）が参政権請願運動のために東京を訪れた国民協会の会長・閔元植（ミンウォンシク）を殺したとき（一九二一年二月）、多くの留学生が法廷闘争を繰り広げたり、裁判や残された梁の家族のサポートに乗り出した。

また一九二四年一月、朝鮮で発行されていた代表的な朝鮮人新聞、『東亜日報』に李光洙の社説「民族的経綸」が連載されると、妥協的な自治を主張するとして不買運動が朝鮮全域に広まった。日本でも学友会が在日朝鮮人各団体（女子学興会、朝鮮教育研究会、北星会、東京朝鮮労働同盟会、蛍雪会、平文社、朝鮮無産青年会、大阪朝鮮労働同盟会、前進社など）との共同名義の抗議文を発表し、反対運動を展開した。問題の社説は非妥協的運動をあざ笑って「屈従的妥協運動」を説きすすめ、「巧言伶辞と曖昧濛濃な文字遊戯で民衆を欺瞞」するというのが反対の理由だった。[*23]

国民協会と東亜日報社は朝鮮内の団体、新聞社であるが、日本にいながら露骨に「内鮮融和」を掲げる朝鮮人団体もあった。当時、在日朝鮮人最大の親日団体、相愛会である。相愛会

*21 各支援団体や寄宿舎、「内鮮融和」に対する留学生の動向に関する詳細は拙稿「一九二〇年代の「内鮮融和」政策と在日朝鮮人留学生――寄宿舎事業を中心に」（『歴史評論』第七二九号、二〇一〇年一二月）を参照されたい。

*22 参政権や自治をめぐる運動、議論については、駒込武『植民地帝国日本の文化統合』（岩波書店、二〇〇四年）、김동명『지배와 저항, 그리고 협력』（景仁文化社、二〇〇六年）を参照されたい。

*23 「東京留学生等東亜日報声討に関する件」京鍾警高秘一八五一―二、京城鍾路警察署長→京城地方法院検事正、一九二四年二月二二日 http://db.history.go.kr/id/had_129_1090 (accessed 2020.03.31)、「東亜日報社在京鮮人学生等の声討に関する件」京鍾警高秘一八八一―一、京城鍾路警察署長→京城地方法院検事正、一九二四年二月二五日 http://db.history.go.kr/id/had_129_1080 (accessed 2020.03.31)、朝鮮総督府警務局東京出張員「在京朝鮮人状況」一九二四年五月（朴慶植、前掲書、所収）。

は一九二一年二月、李起東(イギドン)、朴春琴(パクチュングム)らが朝鮮人労働者の「救済誘導」を目的に設立した団体で、総督府と日本の政治、行政、警察、言論、財界から厚い支援を受けて活動していた。相愛会のいう「救済誘導」とは、朝鮮人の「民族的感情」を否定し、各種労働・社会運動を妨害し、「内鮮融和」を図ることであった。[*24] 労働者や留学生に対する仕事紹介や宿泊提供などの事業も行ったが、その親日的な性格の上、朝鮮人労働者の労働争議の「仲裁」と名乗って実際には会社や治安当局側に立って暴力的に振る舞ったり、関東大震災復興作業に朝鮮人労働者を動員しては私服を肥やしたりするなど、「反民族的詐欺劇[*25]」を繰り返した。留学生や労働者、運動団体は相愛会と暴力沙汰を起こすほど激しく対立していた。

このように二・八独立宣言、三・一独立運動を経験し、規模も組織力[*26]も勢いづいていた留学生にとって、「内鮮融和」はとうてい受け入れがたいものだった。とくに、朝鮮人による「内鮮融和」への迎合は「親日・融和商売[*27]」「寄生虫[*28]」と非難され、同じ朝鮮人であったが故に抵抗や対立がさらに激しかった。

「融和」の意味を「うちとけて仲よくすること」(『広辞苑』)とするなら、「内鮮融和」は日本と朝鮮が互いに対して打ち解けて仲よくすることになる。しかし、少なくともこの時期の留学生に関しては、融和はおろか対立ばかりが深まったように思われる。それは先述したとおり、この「融和」はより円滑な植民地支配のためのものであり、統制や弾圧とワンセットでしか成り立たないという、そもそもの矛盾からくる、ある意味当然な帰結だった。[*29]

3．留学生管理体制の整備

二・八独立宣言以降も続く留学生の「失態」に、総督府も日本の治安当局もその対策を迫られた。それまでの制度の改編、または新設が急速に、また緻密に進められた。

（1）総督府の留学生監督体制の変化

一九一九年まで総督府は、先述の駐日韓国公使館に留学生監督部と寄宿舎を設け、陸軍憲兵大尉の荒木捨作を留学生監督に任命して留学生と舎生を管理させた。しかし、武断統治の象徴ともいえる憲兵の監督下にある寄宿舎とその監督を留学生が好むはずもなく[*30]、監督も寄宿舎も

＊24 相愛会総本部『事業施設の梗概』一九二七年五月。
＊25 金泰燁『투쟁과 증언』풀빛、一九八一年、一〇九頁。
＊26 一九一九～二二年の間に、日本では、女子学興会、仏教青年会、無産青年会、天道教青年会、蛍雪会、黒友会、北星会など、多様な留学生、青年団体が作られた。
＊27 鄭又影「融和商売」（斬馬剣）『読売新聞』一九二一年一二月二六日付。
＊28 「鮮人に関する不注意な論議」『中外日報』一九二三年六月五日付。
＊29 そして「内鮮融和」がどれほど現実とかけ離れた「夢ものがたり」だったかは、一九二三年関東大震災時に起きた朝鮮人虐殺によってあらわになる。

留学生に敬遠された。そんななか、二・八独立宣言の際、舎生のほぼ全員が同盟退舎してしまったのである。それも朝鮮の出身校から留学先の学校や専攻選び、卒業後の奉職義務まで事細かに決められており、私費留学生より自由がなかったはずの官費留学生（総督府奨学生）による同盟退舎だった。

一九二〇年四月、このような事態を受け、総督府はもともと台湾留学生監督業務を行っていた東洋協会に朝鮮人留学生の監督業務を移管した。[*31] 東洋協会はイメージ刷新のために監督を督学部長に、寄宿舎は金剛洞にそれぞれ改称した。次第に留学生ももどり、寄宿舎は再び機能し始めた。しかし一九二三年、総督府と東洋協会は苦学生の舎生とのトラブルを口実に、寄宿舎閉鎖と土地の売却、拡大移転の計画を打ち出した。トラブルとは、東洋協会の督学部が普段から苦学生に「あらゆる圧迫の手」を加え、空き部屋があっても苦学生の入舎を拒んだことが原因で、一九二二年春に六〇名余りの苦学生が「血を見るやうな騒動」を起こしたことを指す。この計画は日本の議会解散によって予算が確保できず、うやむやになる。[*32]

ところが、翌二四年、舎生たちが民族差別、高圧的態度、公費の不正利用などを理由に督学部長兼舎監の不信任を決議して辞任させる事件が起こった。[*33] おそらくこのため、総督府は同年末に東洋協会への監督業務委託を解除し、翌二五年から総督府学務局の外郭団体である朝鮮教育会奨学部（後の朝鮮奨学会）に監督業務を担わせた。[*34] そして同年、ついに金剛洞寄宿舎は閉鎖された。舎生らは、生活空間を奪われるだけでなく東京に残る朝鮮の歴史的建造物（旧駐日韓国公使館）が売却されることに対して強硬に反対したが、閉鎖にともなって全員三〇円の退舎料を支給され追い出されてしまった。唯一の公式寄宿舎がなくなったわけだが、計画どおり寄宿舎が拡大移転した痕跡は見つからない。[*35]

こうして、二・八独立宣言以降、試行錯誤を繰り返した総督府の留学生監督体制は、学業については朝鮮教育会奨学部が管理監督することに落ち着いた。現況把握や報告、入学・卒業・転校、住居に関するサポートなど、留学生に関する実務を朝鮮教育会が担当するのは当然とも

＊30　のちに監督機関になる東洋協会の後藤朝太郎は、留学生は干渉を嫌って自由を重視する印象が強いが、とりわけ憲兵や巡査を甚だしく嫌っていたという（後藤朝太郎「在日留学生に就きて」横井誠應『朝鮮文化の研究』仏教朝鮮協会、一九二二年）。

＊31　東洋協会（台湾協会）と台湾人留学生に関する詳細は紀旭峰『大正期台湾人の「日本留学」研究』（龍渓書舎、二〇一二年）を参照されたい。

＊32　「虐げられた人たち朝鮮人苦学生救われん」『読売新聞』一九二二年一一月八日付。

＊33　「督学部寄宿舎」『東亜日報』一九二三年五月一〇日付、「金剛洞転売는何故」『朝鮮日報』同年七月三一日付、「督学部寄宿舎는十四年度로延期」『東亜日報』一九二四年二月四日付、「督学部留学生이田中部長不信任」『東亜日報』同年二月一六日付、「田中督学部長辞職言明」『東亜日報』同年七月二二日付、

＊34　「彙報―在内地朝鮮学生指導に関する施設」『文教の朝鮮』創刊号、一九二五年九月号、「彙報―在内地朝鮮学生係改称並職制」『文教の朝鮮』同年一〇月号。

＊35　「督学部移管과其他問題에対하야」『東亜日報』一九二五年三月一七日付、「朝鮮総督府経営의東京留学寄宿舎」『朝鮮日報』同年三月二一日付、「東京朝鮮人留学生寄宿舎를突然廃止」『東亜日報』同年三月二二日付。

いえるが、これは下記のような治安当局による取り締まり体制の再整備と相俟って成り立つものだった。

(2) 日本の治安当局による取り締まり体制整備

留学生など在日朝鮮人を対象にした取り締まり体制がこの時期に始まったわけではない。一九一〇年の大逆事件以降、社会主義者を対象にした「特別要視察人視察内規」(一九一一年)によって在日朝鮮人もその「特別視察」対象となった。在日朝鮮人だけを対象にしては、「内地在留朝鮮人取締方法ノ件」(一九一四年三月二〇日、警秘発第五五号)や「朝鮮人取締ニ関スル件依命通牒」(一九一五年八月一八日、内務省秘第一六四一号)、「朝鮮人視察・取締ニ関スル件依命通牒」(一九一六年一月六日、内務省甲秘第一二五六五号)など、必要なときにその都度訓令や通牒を出していた。*36

一九一六年七月一日、前年の大正天皇即位式に向けての警戒強化を背景に、在日朝鮮人に対する体系的な視察規程が設けられた。内務省訓令第六一八号「要視察朝鮮人視察内規」である。一六条から成るこの内規には、第一条で「要視察朝鮮人」の区分と定義が定められている。「甲号」は、①排日思想の信念が厚いか、排日思想を持つ者に影響力のある者、②排日思想を宣伝・扇動する者、③爆発物などの取り扱いのできる者、④朝鮮や外国在留の同志と頻繁に連絡をとる者、⑤危険な行動に出る恐れがある者や過激な言動をする者、⑥特別に厳密な視察を要する者で、「乙号」は、①排日思想を持っているか、その疑いがある者として甲号に該当しない者、②平素の生活習慣上、排日思想に「感染」される傾向がある者、と定められた。また第一四条には、留学生と宗教家の場合は、「甲・乙号」に該当しなくても常にその動静に注意しなければならないと記されている。[*37]

これにより、内務省警保局保安課が総督府や各府県から情報を受けて主な在日朝鮮人やその団体の動向を視察、記録する「朝鮮人概況」を作成することになった。総督府と日本の警察は在日朝鮮人取り締まりに対して協力関係を保っていたが、一九一九年以降その関係は一層緊密になっていく。そのなかで、二・八独立宣言の主役、留学生には特別な注意が払われた。

一九一九年五月、内務省は、留学生一人一人について、身分・年齢・原籍・出生地、性質、経歴、主義・党派系統、住所、職業、資産、容貌の特徴、宗教、学資の出所、学校名および学科、勢力および信用程度、家族とその職業、主な交際者、留学後の動静などを調べて記録・報

＊36　국가보훈처『조선・대만 특별요시찰인 약식명부』선인、二〇一六年、一九頁。「依命通牒」とは、行政官庁の命令によってその補助機関が発する通牒のことを意味する。

＊37　以下、各規程および通牒の詳細は「在日朝鮮人取締の内務省等通牒」（朴慶植編、前掲書）による。なお、「要視察朝鮮人視察内規」は一九三五年に廃止され、九月一日より、本内規を含むそれまでの各種要視察規程はすべて「特別要視察人視察内規」（警内訓第三号）として統合施行された（前掲書、『조선・대만 특별요시찰인 약식명부』二二頁）。

告するよう、各地方官庁に「在留朝鮮人学生名簿調製ニ関スル通牒」（警保局長警保発第五六号）を出した。さらに一九二一年二月には「朝鮮人学生ニ関スル朝鮮総督府トノ互報ニ関スル件」（警保局長警保閣第一六九号）によって、関係各処がより円滑に留学生の動静を把握して共有できるように図った。それまでは一度総督府が情報を集めてから日本の関係各部署や府県、朝鮮の各道に伝えていた。ところが昨今、「要視察人」の留学生が多くなって、より敏速かつ詳細に彼らの動向を把握する必要があるため、留学生関連の情報は総督府と各関係機関に同時に報告されるようになったのである。

そして同年七月、警視庁特別高等警察課に朝鮮人だけを担当する内鮮高等係が新設された。つづいて一一月には「朝鮮人ノ視察取締ニ関スル件」（警保局長内務省秘第一九六八号）が出された。「要視察人」リストに入っていない在日朝鮮人としてロシアなど外国在留の朝鮮人社会主義者と連携する者が増えたとして、リストの再整理、写真や筆跡の確認、朝鮮語ができて朝鮮事情にも詳しい「視察係」の採用、朝鮮・ロシア・上海・アメリカを行き来する船舶内での取り締まり強化などを図った。

このように一九二一年に取り締まり体制が細かく厳重になった背景には、二・八独立宣言のほかにも、留学生の徐相漢（ソサンハン）による英親王・李垠（イウン）（大韓帝国最後の皇太子）と梨本宮方子の結婚式への爆弾投下計画事件（一九二〇年四月）や閔元植殺害事件があったことが指摘できる。

同時期、留学生に対する融和策も進められた。民間の有志や宗教界による「内鮮融和」を掲げた支援事業については先述したとおりである。治安当局も就学・就業、住居、医療などの相談を行う朝鮮人相談部（西神田署）や朝鮮人人事相談所（警視庁特別高等警察課）、朝鮮人・中国人留学生親睦会（渋谷署）を設けたり、一時ではあるが「要視察人」に対する尾行を緩和したりもした。[*38] 一九二二年一一月、東京を訪れていた総督府の柴田学務局長は、ある懇談会で警視庁の内鮮高等係長、留学生の多く住む淀橋、錦町、西神田、早稲田の各警察署長らに対して、刑事とか高等係ではなく何々署文化係のような名称を用いるなど「融和的指導」を求めたこともある。[*39]

一九一九年から一九二一年までの時期は、総督府と日本の治安当局が留学生に対する管理監督と在日朝鮮人全般に対する取り締まり体制を整え、相互連携の円滑を図るために諸制度を整備していた時期であった。同時に生活や学業をサポートする融和策も講じていた。

一方、これらの「公式的」な諸制度とは別に、朝鮮総督自らも阿部充家という政策ブレーンを通じて「非公式、個人的」な留学生支援に乗り出していた。

（3）朝鮮総督・斎藤実と阿部充家による留学生支援

阿部充家（みついえ）（一八六二〜一九三六）は、朝鮮総督府機関紙『京城日報』（日本語）、『毎日申報』

＊38　宮地忠彦『震災と治安秩序構想』クレイン、二〇一二年、七八、八六頁。
＊39　「鮮人指導の懇談」『東洋時報』二七八号、一九二一年一一月。

（朝鮮語）の社長時代に作った朝鮮人ネットワークを活用して斎藤実総督の非公式・個人的な政治顧問の役割を果たした人物である。彼は朝鮮人を懐柔しつつ朝鮮人や朝鮮社会に関する情報を集めて朝鮮総督を通じて朝鮮統治に反映させようとした[*40]。とくに三・一独立運動直後には、朝鮮人エリートへの対応策である「高等政策」や民族運動に対する懐柔策などを斎藤に提言しながら自らも懐柔策を実行した。阿部の懐柔のターゲットになったのは、青年学生、中でも留学生であった。

　阿部は三・一独立運動後に斎藤に出した意見書で、独立運動においてもっとも有力な主動力は東京やソウルで新教育を受けた青年学生であると断言した。その青年学生による独立運動を防ぐためには、従来の厳しい弾圧を緩和させ、優秀な学生には常に目を配って「各種ノ緩和剤」をもって在学中はもちろん卒業後にも徹底的に世話をし、朝鮮統治の味方にしなければならないと提言した。斎藤は阿部の提言に基づき、阿部から紹介される、優秀で留学生社会で信望も厚いリーダー格の留学生に学資支援と就職斡旋という「緩和剤」を投与しはじめた。総督府の政策として東洋協会に留学生監督業務を委託する一方、「内鮮融和」を掲げた支援団体を通じて、また個人的――あくまで朝鮮総督としての個人――な支援を通じて「高等政策」を補ったのである。

　このような支援は学費工面や就職に困っていた留学生にとって「禁断の果実」のようなものだった。一九二四年一〇月、早稲田大学同窓会は金松殷（キムソンウン）と丁雄（チョンウン）が阿部と朝鮮銀行総裁の美濃部俊吉から学費をもらって同胞組織の情報を流す「売国奴的行為」をしたと、二人を除名した。二人は翌月に学友会からも除名された。また学友会では、日本の個人や団体、総督府から学費支援を受ける留学生を調査、糾弾した。阿部と美濃部からの支援とされたが、実は金松殷は、阿部を通して斎藤の支援を受けていた、学友会や留学生運動のリーダーだった。斎藤が朝鮮銀行を通して支援した事例があることから、丁雄も美濃部を通して斎藤からの支援を受けていた可能性は排除できない。

三年前にも総督府に学費支援を請願したり民間の支援団体である輔仁会から学費をもらうことが批判され、請願の中止と輔仁会の寄宿舎からの退舎が決議、敢行されたことがあった。しかし、今回は学友会から除名、つまり留学生社会から排除されることになったのである。

民間団体の支援も朝鮮総督の支援も、それを受けた、または頼んだ理由は、経済的な困窮からくる現実的な必要性、そして制限された条件における「立身出世」への願望だったであろう。また、斎藤総督と阿部の支援対象になった留学生は少数のリーダーに限定されていたため、規模こそ大きくなかった。しかしながら、留学生運動だけでなく将来の朝鮮を担う中心人物と

＊40　이형식 편저『斎藤實・阿部充家 왕복서한집』아연출판부、二〇一八、一九頁。以下、斎藤・阿部による支援の詳細に関しては、拙稿「朝鮮総督斎藤実と阿部充家による朝鮮人留学生「支援」」（『日韓相互認識』第四号、二〇一一年三月）を参照されたい。

して期待されていたからこそ、日本の、しかも朝鮮総督からの支援を受けていたことを知った留学生の多くは、留学生仲間や朝鮮民族を裏切って植民地支配を容認したように感じたであろう。斎藤総督と阿部の支援が留学生内部の亀裂を作り出したのである。

おわりに

二・八独立宣言以降、その主役の留学生は、内的には世界観と労働者・民衆へのまなざしが成熟し、朝鮮や朝鮮民衆に対するプライドを持って、朝鮮人労働者と連帯することで、新たな夢を見るようになった。外的には「内鮮融和」を掲げた団体や朝鮮総督直々の支援事業の対象として包摂の網が降りかかる一方、一層厳しくなった取り締まり体制によって監視されるという、両方から抜け目のないほど厳重な囲い込みに直面することになった。

このような囲い込みに対して留学生が見せたのは集団での抵抗や拒否だった。その反面、少数であっても学費支援や就職あっせんを頼み込んだ留学生も存在した。集団での抵抗と個人での懐柔の受け入れ、この両者は一致したりまったく相反したりする。

一九二〇年代半ば以降、留学生たちは、変わりゆく世界情勢、戦争に近づいていく日本、それにともなう植民地支配体制の変化、各思想や運動など、それまで以上に多様で複雑に絡み合うアクターの間に、一人の朝鮮人として、また一人の若きエリートとして立たされることになる。そのときの選択と、その選択が作った結果について、今後も丁寧にみていきたい。

第三章　二・八独立宣言と三・一独立運動におけるキリスト教
――「独立宣言書」署名者と「教会」との距離[*1]

松谷基和

独立運動と「キリスト教徒」の関係性

二〇一九年は三・一独立運動一〇〇周年記念であり、韓国ではさまざまな記念行事が行われた。なかでも三・一独立運動の中心を担ったと言われるキリスト教会は、教派を超えて「三・一独立運動一〇〇周年記念委員会」を立ち上げ、独自に記念行事を準備した。読者の中にもいわゆる「三・一独立宣言書」に署名した三三人中の約半分がキリスト教徒であったことをご存知の方は多いだろう。また、三・一運動のきっかけとなった東京の朝鮮人留学生による「二・八独立宣言」についても、学生たちが「独立宣言書」を発表した会場が、「在日本朝鮮基督青年会館」（以下、「朝鮮ＹＭＣＡ」と略記）会館であったことから、キリスト教との関係があった

＊1　本稿は二〇一九年二月二日に在日韓人史料館で開催されたシンポジウムでの発表内容を基に、大幅な加筆修正を施した論考である。

と考えられる方も多いだろう。

しかし、実際のこれらの運動の指導者たちが、それまで朝鮮におけるキリスト教運動や教会組織とどのような関係にあったかをご存知の方はほとんどいないのではないだろうか。つまり、独立運動とキリスト教の関係性は一般的に自明のように思われているが、実際に運動の指導者たちの「キリスト教徒」としての経歴や活動の内実については、ほとんど関心が払われてきていないのである。この背景には、そもそも「キリスト教徒」という言葉の定義自体がかなり曖昧であり、恣意的に使われてきたという背景がある。実際、私たちが誰かを「キリスト教徒」というとき、それは教会で洗礼を受けた人だけを意味するのだろうか。それとも、洗礼は受けていなくても定期的に教会に通う人や、あるいは聖書の教えに親しみ個人的に信奉している人も含むのだろうか？　また、その指導者という場合、それは教会の牧師や長老などの教団組織の役職者や幹部を指すのか、それともミッションスクールやＹＭＣＡなどキリスト教系の学校や施設の責任者や、キリスト教を背景に思想運動や福祉活動を展開する人びとまでも含むのだろうか？

このように「キリスト教徒」の定義は極めて不明瞭なのだが、とにかくこれまでは独立運動の関係者が「キリスト教徒」とひとくくりにされてきたため、あたかも彼らがひとつの集団としてまとまっていたかのような印象を与えている。しかし、繰り返しになるが、実際に個々の人物が、それまで朝鮮のキリスト教運動や教会組織とどのような関わりをもち、どの程度関与していたのか、また、彼らの間に果たして「キリスト教徒」としての何らかの共通体験や価値観が存在していたのかは、これまでほとんど問われてこなかった。

そこで本稿では、私は「二・八独立宣言書」と「三・一独立宣言書」に関わった「キリスト教徒」の指導者たちを例にとり、彼らが運動以前にどの程度キリスト教と関係を持っていたのかを明らかにしつつ、独立運動とキリスト教の関係性について考え直してみたいと思う。私が特に重視したいのは、彼らが単に個人的な次元でキリスト教の教えや価値観を信奉していたかではなく、社会的な次元において「教会」の指導者であったのかという点である。なぜならば、彼らが「教会」の指導者であるか否かは、独立運動に参加したとされる「キリスト教徒」たちが、果たして「教会」という組織を中心に運動していたかを判断する根拠となり、このことは独立運動における「キリスト教」の貢献を評価する上でも重要な要素となると考えるからである。それでは、まず「二・八独立宣言」の場合から見てみよう。

朝鮮教会批判者としての李光洙

冒頭で述べたように「二・八独立宣言書」は、東京の朝鮮ＹＭＣＡで発表されたため、なんとなく「キリスト教徒」の運動と思われる傾向がある。しかし、この運動を主導した朝鮮人留学生たちは、西洋近代文明の背景にあるキリスト教については相当の知識や理解を持ち、それに共鳴もしていたが、朝鮮の「教会」と関係が深かったわけではない。それどころか、「二・

八独立宣言書」の起草者であり、この運動の中心人物であった李光洙（イグァンス）は、以前から朝鮮の「教会」に対する強力な批判者として知られていた。

李光洙は一八九二年、朝鮮北部の平安道の定州に生まれたが家庭環境はキリスト教ではなく、少年期は朝鮮の土着宗教である天道教を信仰していた。彼がキリスト教に出会ったのは、日本に留学し、長老派系のミッションスクールである明治学院の普通学部（当時の中学校に相当）に入学した一九〇七年以後のことである。彼は明治学院で学ぶなかで初めて本格的に聖書にふれ、西洋文明とその背景にあるキリスト教の思想や宗教文化に関する知識を吸収していった。また、彼はこの時期に文学にも目覚め、西洋や日本の近代文学を読破していく。

しかし、こうした経験は李光洙を「教会」の信者にしたわけではない。彼はむしろ反対に既存の「教会」や「キリスト教徒」に対する疑念や批判意識を持つようになっていく。なぜならば、彼が当時読破した著作の中で彼に最も強い影響を与えたのが、トルストイの著作であり、なかでも『我宗教』であったからである。[*2] トルストイは一般的には文学者として知られているが、実際には哲学者や神学者の顔も持ち、伝統的な「教会」制度や神学に対する徹底した批判を展開した宗教思想家でもあった。彼は聖書に示されたイエスの非暴力や無抵抗の思想を徹底して実践することを強調する一方、既存の「教会」がこうした教えを軽視し、国家や権力と癒着して暴力を容認したり、聖母マリアの処女懐胎やイエスの復活などの非合理的な教義を信徒に押し付け、知的な自由を奪っていることなどを強く批判した。[*3] 実際、トルストイは『我宗教』でも「教会」は、イエスの真の教えから離れた「虚しき偶像」であり、「誤謬」であるとまで断じている。[*4]

こうしたトルストイの独特のキリスト教理解や「教会」を否定する思想は、一般的に「トルストイ主義」と称されるが、この影響を最も強く受けたと自認する李光洙が、朝鮮の「教会」にも批判的な目を向けるようになったのは当然である。たしかに彼は明治学院で聖書を読み、キリスト教思想や文化に触れ、理解を深めたことは事実だが、同時にトルストイの著作を通じていち早く「教会」に対する批判的な見方を確立していたのである。

彼が伝統的な「教会」の掲げる教義や価値に批判的であったことは、当時、彼が明治学院の文芸誌に投稿した、「愛か」と題された小説のテーマにも表れている。この小説は少年同士の愛情関係がテーマであり、同性愛的な要素を含む作品である。当時のキリスト教会では宗派を問わず、同性愛は罪でありタブーであったから、伝統的なキリスト教の教義を重んじ、まじめ

---

*2 李光洙の明治学院留学時代については、波田野節子『李光洙——韓国近代文学の祖と「親日」の烙印』（中公新書、二〇一五年）の第二章を参照。なお、李光洙の留学以前にトルストイの宗教思想関係の著作の邦訳版は多数出版されており、明治期の知識人に多大な影響を与えていた。柳富子『トルストイと日本』（早稲田大学出版部、一九九八年）一〇－二二頁、三一－四〇頁。

*3 トルストイの宗教思想については、八島雅彦『トルストイ』（清水書院、一九九八年）一三五－一四八頁。

*4 トルストイ（加藤直士訳）『我宗教』（文明堂、一九〇三年）五五頁。

に教会に通うような学生であれば、こうしたきわどいテーマに関心をもつはずはなく、もちろん小説のテーマに選ぶこともなかったであろう。それを敢えて小説に書いたところからは、やはり李光洙が伝統的なキリスト教会の教義や価値観にとらわれずに、自由な知的思索や創作を行う若き知識人として成長しつつあったことがうかがえる。[*5]

同時にこのことは、当時の明治学院をはじめとして、日本のミッションスクールが「教会」とは異なり、キリスト教信仰を強要せず、学生の思想信条や知的活動の自由を認める空間であったことを示している。こうした日本のミッションスクールの性格は、今日では当たり前のように思われるかもしれないが、当時の西洋のキリスト教諸国でも教会の影響力が強い国や地域においては、ミッションスクールも教会の影響下にあり、そこに所属する教員や学生が、伝統的な聖書解釈や教会の教義に対して知的な疑問を投げかけたり、異説を唱えたりすることは容易ではなかった。しかし日本の場合、こうしたキリスト教の伝統が弱かったこともあり、明治以降に建てられたミッションスクールは、キリスト教主義の理念を掲げてはいても、キリスト教の信仰を学生に強要したり、キリスト教に批判的な思想を検閲したりするような傾向はそれほど見られなかった。李光洙はこうした相対的に自由な雰囲気の中で、キリスト教に関する知識を深めつつ、同時に「教会」を否定する「トルストイ主義」も身につけていったのである。

他方で、明治学院在学中の李光洙は、母国朝鮮が日本の支配下に転落していく姿を見ながら、民族意識も強めていた。彼は他の朝鮮人留学生と『新韓自由鍾』という同人誌を密かに発行し、そこに愛国的な詩や小説を同人と発表し合い、これが発覚して日本の警察から警告を受けたりもしている。こうして高められた民族意識を背景に、明治学院を卒業した李光洙は朝鮮に戻り、次世代の青年に愛国主義教育を施すべく故郷の定州にある五山学校に教師として赴任する。この五山学校の創設者こそ、後に三・一独立運動の指導者となる李昇薫(イスンフン)である。李昇薫が李光洙に目を付けたのは、当時では数少ない日本留学経験者として最新の学問を身に付けていたことに加え、同じ定州出身の後輩という地縁が大きく関係していた。李昇薫と李光洙は親子のほどの年齢差はあるが、朝鮮の将来を担う青年に近代教育を施し愛国者を育成していこうという、同じ志を共有していたのである。

しかし、李光洙はやがてこの五山学校で大きな問題に直面する。それは学校創設者の李昇薫が、いわゆる「一〇五人事件」で投獄された後、同校の運営に対して地元のキリスト教会とそれを管轄する米国の宣教師の影響力が強まったことに始まる。五山学校がキリスト教化されるに伴って、教員に対しても伝統的な「教会」の教義を受け入れることが求められるようになり、洗礼を受けていない李光洙も米国人宣教師から伝統的な教義――たとえば、マリアの処女懐胎やイエスの復活など――を受け入れて教会員になることを求められた。しかし、李光洙はかた

---

*5　この背景には、李光洙がトルストイに傾倒する一方で、人間の欲望をありのまま肯定する詩人バイロンの影響を受けていたことが関係している。波田野、前掲書、三五－四二頁。

くなにこれを拒否し続けたため、宣教師やそれに追随する朝鮮人の教会員によって「トルストイ主義者」として指弾され、学校を辞任せざるを得ない状況に追い込まれたのである。この時の李光洙の失望や悔しさは、彼の自伝的小説『教員生活』（교원생활）に詳しく描かれている。[*6]

五山学校を追放された李光洙はその後、中国やロシアを放浪した後、ソウルに出るが、そこで彼を迎え入れて支えたのが、後に「三・一独立宣言書」を起草する崔南善（チェナムソン）である。彼は有能な若き知識人の李光洙が活躍する場として、自分が編集長として刊行していた雑誌『青春』を提供する。李光洙は、この『青春』に小説や評論、随筆を寄稿する記者となるが、その後、さらなる学問的研鑽を積むため再び日本に留学し、今度は早稲田大学に入学する。

彼は留学中も本国の『青春』への寄稿を続けるが、その中で注目すべきは朝鮮の「教会」を批判する「今日朝鮮耶蘇教会の欠点」（一九一七年）と題する論説である。この中で李光洙は、朝鮮の「教会」が近代的な学問や教育を軽視しているばかりか、信仰を阻害するものとして背を向け、信徒の無知を助長していることを強く批判する。また、こうした「教会」の知的水準の低さゆえに、朝鮮の「教会」は西洋宣教師がもたらした迷信まがいの信仰や教義をそのまま受け入れて外部世界や社会の変化に目を背け、狭い「教会」内部に引きこもりがちであることを「教会至上主義」と呼んで、その閉鎖性や排他性を否定する。つまり、李光洙の目には、朝鮮の「教会」は、信仰はあっても学問のない無知な集団であり、それゆえに朝鮮の近代化や独立に向けた実力養成には助けにならない存在と映っていたのである。

こうした朝鮮の「教会」に対する厳しい評価は、李光洙が留学や海外体験を通じて培ってきた豊富な知識と他の世界との比較を可能にする幅広い視野が関係していた。実際、彼はこの論説の中で朝鮮とは異なる事例として、日本を引き合いに出し、「日本のキリスト教〔原文は耶蘇教〕は、我々の先生である宣教師の本国〔米国〕のキリスト教と同じである」のに対し、「我々〔朝鮮〕のキリスト教はアフリカや支那のキリスト教である」と述べ、近代的学問とキリスト教の受容が両立しない朝鮮の現状をもどかしく思っていたのである。

おそらく、ここで李光洙がいう「日本のキリスト教」とは、伝統的な教義や儀礼に縛られた「教会」が支配するキリスト教ではなく、かつて自分が経験した知的な自由が許された明治学院のような空間で育まれるキリスト教や文化を指すのだろう。この認識の妥当性はともかくとして、少なくとも当時の朝鮮社会を外部から相対化できる知識人であった李光洙には、朝鮮の「教会」の限界は明らかであり、それが朝鮮の独立運動を担う組織になるといった期待は持っていなかったとみてよいだろう。

こうした文脈を踏まえるならば、この時期に李光洙が在京の朝鮮人留学生たちと展開した民族運動が「教会」とは関係を持たず、キリスト教色が薄かったのは当然である。実際、「二・八独立宣言文」では、民族自決主義に基づき、日本と世界に対して朝鮮の独立を要求し、それ

＊6 「教員生活」は、『李光洙全集第 九巻』（三中堂、一九六三年）、三〇六－三一六頁に所収。

が認められなければ「永遠の血戦」も辞さないとする戦闘的な論調が目立ち、キリスト教的なモチーフやレトリックなどは一切見られない。また、その内容が第一次世界大戦後の世界情勢の変化やウィルソンの民族自決主義などを踏まえていることに照らせば、この宣言書が想定する読者は、当時の国内外の情勢に通じた学生や知識人であり、彼が無学者の集団と見なしていた朝鮮の「教会」の信徒ではなかっただろう。つまり、この「宣言書」は、彼のような近代学問を吸収した知的エリートが、内外の知識人社会に向けて書いたものであり、当時の朝鮮の「教会」とは何ら関係がなかったのである。

であれば逆に、朝鮮の「教会」に批判的であった李光洙が、他方でなぜ朝鮮YMCAというキリスト教組織と関係をもっていたのだろうか？　確かにこれは一見すると矛盾のように見えるが、実際にはそうではない。というのは、YMCAという組織は、「教会」とは別個の組織であり、むしろ当時の「教会」に批判的な知識人の受け皿となっていた側面があるからである。YMCAは一八世紀のイギリスで始まった組織だが、一般の信徒が中心となって設立した社会団体であり、教派や民族を超えて全世界のキリスト教信徒の緩やかな連携を目指す国際的な組織であった。今で言えば国際的なNGO組織と言えるかもしれない。こうした特徴があるために、YMCAの会員は必ずしも洗礼を受けた教会員である必要はなく、特定の教義や価値観を信じている必要もなかった。単にキリスト教理念を尊重し、教育的、社会福祉的な目的のために協力する意思さえあれば、誰でも加入できたのである。

こうした思想信条を問わず、不特定多数の人びとが自由に集える公共的な空間は、当時の朝鮮においては極めて貴重であった。とりわけ、総督府の圧政の下、集会の自由が許されない状況下にあって、ＹＭＣＡは「教会」と並ぶ数少ない選択肢であったと言える。しかも、ＹＭＣＡは「教会」とは異なって、特定の信仰や教義を強要されず、相対的に知的な自由も確保されていたから、知的好奇心が強く、将来の朝鮮独立をみすえ、社会的・政治的運動に関わろうとする朝鮮人学生にとっては、ＹＭＣＡこそが理想的な活動の場であった。だから、李光洙のような「教会」と距離のある朝鮮人留学生の活動拠点がＹＭＣＡであっても不思議ではなく、むしろ彼らは（皆ではないとしても）「教会」に批判的だったからこそ、ＹＭＣＡに集っていたと言える面もあるのである。このことは、当時の朝鮮ＹＭＣＡが主催した講演会やイベントに招かれた日本側の知識人の中に、社会主義傾向を持つ大山郁夫や、「教会」制度を徹底して批判し、「無教会主義」運動を展開していた内村鑑三などが含まれていることからもうかがえる。[*7]つまり、ＹＭＣＡは決して既存の国家や民族ごとに分かれた「教会」を支えるような組織ではなく、むしろ外部にあって「教会」の認めない新しい思想や知識を吸収し、「教会」を相対化し得る機能を持っていたのである。このことは逆に言えば、「教会」から見れば、ＹＭＣＡというのは、自らの存在を脅かす潜在的な脅威であり、両者の間には常に一定の距離と緊張関係

＊7　小野容照『朝鮮独立運動と東アジア　1910－1925』（思文閣出版、二〇一三年）八〇、一〇三頁。

が存在していたのである。

李昇薫の「教会」的背景――李昇薫の場合

それでは、次に三・一運動の指導者たちと朝鮮の「教会」の関係を見ていこう。冒頭でも触れた通り、「三・一独立宣言書」の署名者のうち、十六名が「キリスト教徒」と言われる。しかし、署名者以外にも、「宣言書」の印刷や配布に関わって逮捕され、署名者とともに保安法違反等に問われて裁判を受けた人物も五名おり、これらの人物も含めた二十一名が一般的に「キリスト教徒」の指導者たちと言われている（以下の表を参照）。

＊署名者の一人である金秉祚（キムビョンジョ）は、国外脱出し公判での情報がないため、ここでは署名者から除外した。

これらの人物と「教会」の関係を見てみると、半数以上が「牧師」や「長老」などの「教会」の役職者であり、その中でも「長老派」（教団の正式名は「朝鮮耶蘇教長老会」）に属している人が目につく。「長老派」とは、当時の朝鮮で最も信徒数が多かった教派である。

この中で最重要人物は、「独立宣言書」への「キリスト教徒」の署名を集める上で中心的な役割を果たした李昇薫である。彼がこの運動の中心人物であったことは、これまでの研究からも強調されてきており、それゆえに彼は朝鮮のキリスト教を代表する「キリスト教民族主義者」と呼ばれたりもする。

	名前	年齢	職業	所属教派	現住所	本籍	出生地	役割	公判結果(禁固刑年)
1	李寅煥	56	長老	長老派	平北定州	平北定州	平北定州	署名者、計画立案	3
2	李甲成	32	セブランス医学専門附属病院事務員	長老派	京城府	慶北大邱	慶北大邱	署名者	2.6
3	金昌俊	31	牧師	北監理派	京城府	平壌府	平南江西	署名者	2.6
4	呉華英	41	牧師	南監理派	京城府	京城府	黄海平山	署名者	2.6
5	朴熙道	31	中央青年会幹事、牧師	北監理派	京城府	京城府	黄海海州	署名者	2
6	崔聖模	47	牧師	北監理派	黄海海州	黄海道州	京城府	署名者	2
7	申洪植	49	牧師	北監理派	平壌府	平壌府	京城府	署名者	2
8	梁甸伯	51	牧師	長老派	平北宣川	平北宣川	平北義州	署名者	2
9	李明龍	48	農業、長老	長老派	平北定州	平北定州	平北鉄山	署名者	2
10	李弼柱	52	牧師	北監理派	京城府	京畿高陽	忠南洪城	署名者	2
11	朴東完	35	基督教新報社書記	北監理派	京城府	京城府	京畿楊平	署名者	2
12	申錫九	46	牧師	南監理派	京城府	京城府	忠北清州	署名者	2
14	鄭春洙	45	牧師	南監理派	咸南元山	咸南元山	忠北清州	署名者	1.6
13	劉如大	42	牧師	長老派	平北義州	平北義州	平北義州	署名者	2
15	吉善宙	52	牧師	長老派	平壌府	平壌府	平北安州	署名者	0
16	咸台永	48	長老、休職判事	長老派	京城府	京城府	咸北茂山	計画立案	2.6
17	金元璧	27	延禧専門学校学生	不明	京城府	黄海安岳	黄海殷栗	学生示威	1.6
18	安世恒	33	平壌基督教書院会総務	長老派	平壌府	平南平原	平南平原	宣言書配布	0
19	金智煥	29	牧師	南監理派	京畿開城	京畿開城	平北定州	連絡員	0
20	金道泰	29	無職(元学校教師)	長老派	平北定州	平北定州	平北定州	連絡員	0
21	金世煥	32	水原三一学校教師	北監理派	京畿道水原	京畿水原	京畿水原	宣言書配布	0

しかし、実は李昇薫は若い時から「キリスト教徒」として生きてきたわけではなかった。彼は一八六四年に平安道の定州の庶民の家に生まれ、四十代に至るまで商売に没頭する生活を送り、「キリスト教」とは無縁の生活を送ってきた。ところが、一九〇七年に著名な民族運動家の安昌浩（アンチャンホ）と出会ってから、故郷定州の五山学校を設立して愛国主義的な教育運動に専心するようになる。李昇薫はこの学校を設立した頃から徐々にキリスト教に興味を示し始めたと言われるが、彼がキリスト教徒になる決意をしたのは、一九一一年に抗日的な秘密活動に関わったという容疑――いわゆる「安岳事件」と「一〇五人事件」と呼ばれる事件――で日本の官憲に逮捕され、獄中で真剣に聖書を読むようになってからのことである。ちなみに、李昇薫が獄中でキリスト教に目覚めたころ、逆に彼が五山学校に招いた李光洙が「キリスト教徒」によって学校を追放されていたことは先に触れた通りだが、これは偶然とはいえ、興味深い逆説である。

さて、一九一五年に出獄した李昇薫は、すぐに故郷の五山に戻って地元の教会で洗礼を受けたが、この時の彼の年齢は五十一歳である。これは、当時の朝鮮では相当な年配者であり、彼は人生の晩年にさしかかって「キリスト教徒」になったと言える。

とはいえ、入信後の彼は高齢にもかかわらず精力的に活動する。彼は洗礼を受けた後、平壌の神学校に入学し半年ほど学び、再び地元に戻って五山教会の「長老」に選出される。さらに、彼は平安北道地域の諸教会の代表が集まる「老会」のメンバーにもなり、さらに一九一七年には「総会」――全国の「教会」の代表者が集まる会議――に派遣される「総代」（代表委員）の一員になる。つまり、彼は入信わずか数年で平安道全域の「教会」を代表する役職に就いたのである。

当時の平安道は一九世紀末にプロテスタントが朝鮮に伝来して以来、キリスト教勢力が最も盛んな地域であった。それゆえに当時の平安道には、すでに牧師や長老として長らく「教会」を率いてきた有力な指導者がたくさん存在していた。そうした中にあって、新米の信徒でありなり「教会」の役職者としての実績もない李昇薫が、数年のうちに「教会」の要職に就いたのはかなり不思議なことである。しかも、彼は入信前まで人生を教育や民族運動のためにささげてきた人物なだけに、入信後に一転して「教会」に活躍の場を求めたのも唐突な印象を与える。

李昇薫自身は自分のことをほとんど書き残さなかったので資料も少なく、果たして彼がこの時期に何を考えていたかはっきりとはわからない。ただ、彼の側近たちが残した証言によれば、李昇薫が「教会」への関与を深めたのは単に信仰的な理由からだけでなく、民族主義運動に利用する目的があったようである。たとえば、彼は入信に際して、弟子たちに次のように語っていた。

我が国の教会の中には我が民族の柱となる優秀な人物が多くいる。私はこうした柱を探し出し、腐らせずに育てるために教会に行くのだ。どうしてこれが国の独立への道ではないと言えようか。[*8]

いかにも民族主義運動家らしい発言である。彼は「教会」という組織の中に有為の若者がいるので、これをリクルートして民族運動に役立てようとしたというのである。つまり、信仰や伝道のためではなく、民族運動の同志を募り、教育する学校のような場として「教会」を考えていたというわけである。

これは彼が当時置かれていた状況を考えると、かなり合点がいく説明である。というのも、彼は民族運動のために投獄され、出獄後も日本の官憲に警戒されていたから、社会的な活動が厳しく制限されていた。しかし、当時「教会」は、日本の総督府が合法的団体として認める数少ない社会的組織であり、不特定多数の人が集うことのできる場所でもあったから、李昇薫がここを新たな民族主義運動の場と位置づけ、それを利用しようと考えたとしても不思議ではない。このことは、実際に李昇薫が三・一独立運動後の裁判で証言した内容とも合致する。彼は証言の中で、「教会」が催す集会や会議の機会などを利用して、各地を訪ね、独立運動への賛同者を募っていったと認めている。また、「独立宣言書」に署名した他の長老派の信徒たちも、こうした「教会」のネットワークを通じて李昇薫と接触し、勧誘されたことを認めている。

とはいえ、李昇薫が影響力を行使できたのは、あくまでも彼が所属する平安道地域の「教会」の範囲であった。「独立宣言書」の署名者の多数が李昇薫と同じ長老派であったばかりか、彼と同郷の平安道出身者に集中していたのはそのためである。逆に当時の長老派は全国に広がる教会組織を持っていたにもかかわらず、全羅道や慶尚道などからの署名者が皆無であったのは、こうした事情があったからである。つまり、李昇薫の影響力はあくまでも個人的かつ地方的なものに留まり、全国の「教会」を代表して、信徒を動員できる立場ではなかったのである。それゆえに、「宣言書」の署名者の十六名が「キリスト教徒」だったことをもって、これを単純に朝鮮全土の「教会」の組織的な参与の証拠と見なすことはできないのである。

吉善宙と梁甸伯の賛同経緯

とはいえ、李昇薫はともかくとして、平安道人の署名者の中には、吉善宙(キルソンジュ)と梁甸伯(ヤンジョンベク)という、当時の平安道を代表する著名な牧師が含まれていた。したがって朝鮮全土までとはいかなくとも、少なくとも平安道では「教会」が組織を挙げて三・一独立運動に参加したと見ることはできるかもしれない。しかしながら、実はこうした見方を強く否定しているのが、ほかならぬ吉善宙と梁甸伯自身なのである。この二人はいずれも裁判の場で、自分たちは当初から「独立宣言書」に署名する意思がなかったと証言しているのである。

それでは、なぜ賛同意思がなかった彼らの名前が「宣言書」に記載されているのだろうか？その理由を吉善宙は次のように説明している。当時、平壌で牧師をしていた吉善宙は、一九一九年の二月頃に李昇薫から朝鮮の独立を認めてもらえるように朝鮮総督府に「請願書」を提出

＊8　五山中学－高等学校編『五山八〇年史』(五山中・高等学校、一九八四年)、一一〇－一一一頁。

する計画を示された。吉善宙は穏健な「請願」という方法であれば問題なかろうと考えて賛同の意を示したのだが、目が悪く署名ができなかった（実際に吉善宙は盲目に近い状態だった）。すると、李昇薫は請願書ができあがれば自分が代わりに署名するので印章を渡すように吉善宙に求め、彼はこれに応じた。しかし、その後、何の音沙汰もなく、三月一日の直前になって吉善宙は李昇薫から上京せよとの急な連絡を受けた。そこで慌てて三月一日になって平壌からソウルに出かけたのであるが、吉善宙は、そこで初めて、自分が考えていた「請願書」ではなく、見たこともない「独立宣言書」に自分の名前が署名者として載せられ、すでに配布されたことを知った。狼狽した彼はすぐに日本の警察に自首して、逮捕された。吉善宙は、自分が李昇薫に印章を渡した後の展開に注意を払わなかったことを反省したうえで、裁判の席で次のように自分の後悔の念を述べている。

　私は是迄宗教のみに没頭して居り政治の事抔（ばかり）は考えて居なかったのですが、時世が変って来り民族自決と云う事が提唱されたとの事であった故、愚かな考えより独立の請願をする事に賛成して名前を出したのでありますが、此様な始末となる様な事なら独立は愚か世界を与えると云われても企てに参加するものではありません。

平安道の「教会」を名実ともに代表する吉善宙は、「宣言書」に賛同しないどころか、独立を請願することすら、愚かだといって憚らなかったのである。ちなみに、梁甸伯も吉善宙と全く同様に、李昇薫に印章を渡しがために自分の意思に反して「宣言書」の署名者にさせられたことを主張し、裁判官の質問に次のように答えている。

問　被告は最初より此宣言書の趣旨に賛成しては居らなかったのか？

答　左様です。私は全然宣言書の事は聞いて居りません。其事を聞いて居れば印章を渡すのではなかったのです……今日迄其宣言書に就ては私は不賛成です。

このように平安道の「教会」を代表する重鎮牧師がそろって「宣言書」への同意を否認し、李昇薫に利用されたと主張したのは、自分たちだけ罪を逃れるための虚偽証言だったのだろうか？　おそらく、その可能性は低いと思われる。というのも、彼ら以外の「キリスト教徒」たちは、李昇薫をはじめとしていずれも日本の植民地支配を批判し、堂々と朝鮮独立を主張し、「宣言書」にも賛同して署名したと証言しているからである。つまり、他の「キリスト教徒」が「宣言書」に賛同したことを証言する中で、吉善宙と梁甸伯だけが敢えて「宣言書」を否定する理由は見当たらない。むしろ、彼らが「教会」の代表であったとすれば、「キリスト教徒」の団結や「教会」の名誉のためにも「宣言書」に進んで署名したと答えた方が、はるかに自然であったろうと思われる。

にもかかわらず、彼らが一貫して「宣言書」への同意を否定していた以上、やはり平安道の「教会」を代表するこの二人は、本当に最初から「宣言書」への署名意思はなく、李昇薫に利用された可能性が高いとみるべきであろう。

ここで思い出すべきは、そもそも李昇薫は「キリスト教徒」として歴史が浅く、「教会」への参加も民族運動の目的を達成する手段として位置づけていたという点である。すでに述べたように、李昇薫は「教会」に入った当初から、「教会」を通じて民族運動の同志を募る考えを周囲に漏らしていた。しかし、「教会」を単なる政治運動の手段と位置づけるような李昇薫の姿勢は、平安道の「教会」を守り育ててきた吉善宙や梁甸伯の立場からみれば、きわめて無責任で危険なものに映ったであろう。なぜならば、こうした行為により、「教会」が政治に巻き込まれ、日本の弾圧の対象となることは確実だからである。つまり、彼らは李昇薫とは異なり「教会」を代表する立場にあればこそ、そう簡単に「独立宣言書」のようなものに署名することはできなかったと考えられる。しかも、当時の朝鮮の「教会」には、こうした政治的な活動を警戒する米国人宣教師たちも多数在籍しており、実際に政治と宗教の分離を信徒たちにも教育していたので、「教会」を代表する吉善宙や梁甸伯のような牧師が積極的に「宣言書」に署名したとは考えにくい。そのうえ、李昇薫に利用されたとする吉善宙の主張は、弾圧する側の日本の官憲も、証拠に照らして事実と認めざるを得ず、裁判の結果、吉善宙だけが容疑不十分で無罪放免されているのである。こうした一連の事実に照らせば、やはり李昇薫が一般社会への宣伝効果を考えて、「教会」内の有力者である吉善宙と梁甸伯の名前を無断で借用したとみるのが説得的だと思われる。

もうひとつ「教会」と「宣言書」の署名者たちとの距離を示すのが、「宣言書」の起草者が崔南善であったという点である。先に見た通り、朝鮮の「教会」を批判する李光洙の論考が掲載されたのは、崔南善が編集長を務める『青春』誌であり、当然ながら崔自身も「教会」とは一線を画していた。それゆえに、崔南善の書いた「三・一独立宣言書」も、李光洙の「二・八独立宣言書」と同様に、その内容にキリスト教的な色彩が見られないのは不思議ではない。また、「三・一独立宣言書」は、漢学に通じた崔南善らしく漢語が大量に用いられた文語調で書かれているが、当時の「教会」では、信徒の教育水準に合わせて、漢文ではなく庶民が学びやすいハングル教育が重視されており、ハングルのみの聖書や讃美歌が使われていたから、この「宣言書」はテキストそのものが、当時の朝鮮の「教会」の文化とはかけ離れたものであったと言わねばならない。

ソウルのメソジストとYMCA

次に長老派と並ぶ当時の朝鮮のキリスト教の二大宗派の一つであったメソジスト（朝鮮語では「監理教」）の参加者の特徴にも簡単に触れておこう。李昇薫が長老派側の中心人物であったとすれば、メソジスト側の中心人物は朴熙道である。といっても、朴熙道はメソジスト教会を代表する著名な重鎮牧師ではなく、当時はまだ三〇代の若き牧師であり、学生たちの間では、むしろ教会の牧師としてよりソウル（京城）ＹＭＣＡのリーダーとして信望があった。朴熙道は共通の知り合いを通じて李昇薫に紹介され、「独立宣言書」の配布計画に賛同し、ソウルで署名者の獲得に乗り出した。この結果、彼の関係するメソジスト教会やＹＭＣＡのメンバーからも署名者が集められた。ちなみに、署名者中、ＹＭＣＡの会員（ソウルのみならず地方の支部も含む）であったことが確認されているのは、鄭春洙（チョンチュンス）、崔誠模（チェソンモ）、呉華英（オファヨン）、朴東完（パクドンワン）、李弼周（イピルジュ）、梁甸伯、李甲成（イカプソン）、李昇薫などである。

「三・一独立宣言書」の署名者中にＹＭＣＡの会員が多かったというのは、言うまでもなく「二・八独立宣言」に関わった朝鮮人留学生との共通点である。先に述べた通り、ＹＭＣＡは当時の保守的な朝鮮の「教会」とは異なって、自由な思想や信仰を認め、知的に洗練された若者が集う場所であったから、そこに集う人びとが「三・一独立運動」にも積極参与したというのは当然の成り行きだった。彼らの中には「教会」に所属する者も多くいたが、結局、「教会」ではなく、ＹＭＣＡにつながる人物たちが独立運動を主導するに至ったのは、やはりＹＭＣＡには「教会」には存在しない魅力と役割があったからにほかならないのである。

天道教による資金援助

最後に「宣言書」への署名者と「教会」の決定的な距離を示すのが、資金源の問題である。

言うまでもないが、三・一独立運動の準備段階では、「宣言書」の大量印刷や地方への配布に関わる旅費など相当額の活動資金が必要とされた。仮に彼らが「教会」の代表であり、その組織をあげて独立運動に賛同していたとすれば、その活動資金も「教会」や「キリスト教徒」に求めたであろう。ところが、裁判の場で明らかにされた事実は、この活動資金の全額が天道教によって支弁されており、李昇薫は天道教から五〇〇〇円という巨額の運動資金を受けとることを条件に、「キリスト教徒」への働きかけを約束していたという事実である。しかも、この五〇〇〇円の運動資金のうち五〇〇〇円は、「宣言書」の署名者が逮捕された際に、残された家族の生活資金に充てるべく「キリスト教徒」の署名者の間で事前に配分されていた。仮に「教会」が組織的に独立運動を支持していたのなら、残された家族への支援も天道教ではなく「教会」に期待してもよかったはずだが、実際には「キリスト教徒」たちは、こうした資金までも全て天道教に依存していたのである。このように「三・一独立宣言書」に始まる三・一独立運動を支えた財政的基盤を見ても、李昇薫をはじめとする「キリスト教徒」たちが、「教会」の支援を受けていた証拠は見当たらず、彼らが「教会」やYMCAといった組織的ネットワークを利用しつつも、主に個人的な、あるいは地域的な人脈を中心につながっていたことが見えてくるのである。

結びにかえて

これまで「独立宣言書」への「キリスト教徒」の署名者の存在は、朝鮮の「教会」の支持が背景にあった証拠のように見られてきた。しかし、本稿でこれまで述べてきたように、現在、入手できる記録や資料に照らしてみる限り、「二・八独立宣言書」を起草した李光洙のグループ、「三・一独立宣言書」を作成した李昇薫たちのグループのいずれも、当時の朝鮮の「教会」とは距離があり、その組織を代表する人物ではなかった。一般的に「キリスト教徒」という分類で呼ばれる彼らも、それぞれ「教会」とは異なる距離や対立関係を抱えていたのである。

さらに重要なことは、こうした彼らと「教会」との距離は、三・一独立運動後にはさらに広がっていったということである。たとえば、李光洙は「二・八独立宣言」直後は上海に亡命して独立運動を続けるが、その後は朝鮮に戻り、日本の支配の枠内での文化的民族運動に専念するようになる。そして、彼はその後も「教会」に加わることはなく、晩年は日本の圧力の下、「親日」的傾向を強めていった。

李昇薫は、三・一独立運動で服役して出獄した後は、李光洙と同様に、合法的な文化的民族運動に専念し、いわゆる「文化政治」の下で、東亜日報社の社長や民立大学設立運動の発起人を務めるなど、「教会」の外に活動の場を広げていく。他方で、朝鮮の「教会」に対しては、民族運動に対する熱意が乏しいと批判するようになり、最終的には内村鑑三の弟子である金教臣と交際し、無教会主義への支持を表明するに至る。つまり、李昇薫は朝鮮の「教会」と決別して人生を終えたのである。

朴熙道の場合、出獄後に「教会」を離れ、社会主義に接近するが、今度は左翼活動の容疑で再び日本の官憲に逮捕され、投獄される。二度目に釈放された後には、彼は一転して親日的な言論活動を展開する立場に転向し、李光洙と同様、今日では「親日派」として否定的な評価を受けている。

一方、彼らとは対照的に、三・一独立運動以前から朝鮮の「教会」の代表であった吉善宙や梁甸伯は、運動後はすぐに「教会」に復帰し、その後は政治運動に関わることなく、朝鮮「教会」の重鎮牧師、功労者として人生を終えている。つまり、三・一独立運動以前から「教会」に疎遠だった人物が、運動後にはますます「教会」から遠ざかったのに対し、従来から「教会」内で活動してきた人物は、その後も一貫して「教会」内に留まり続けたのである。このことは従来から「教会」の代表者であった吉善宙や梁甸伯が、本人の意図に反して「独立宣言書」の署名者にされたという主張をいっそう裏付けるものに思われる。

こうした私の主張や解釈は、「キリスト教徒」が独立運動を主導してきたという一般的な通説とは、全く異なる主張である。それだけに、読者の多くにとって俄かに信じがたく、これらの独立運動家の価値を貶める主張であるかのように思われる方もいるかもしれない。

しかし、私は独立運動家と「教会」の距離や対立を詳しく明らかにすることは、むしろ彼らが当時直面した苦悩や葛藤に光を当て、こうした人物の生き方や価値観をより深い次元で理解することを可能にするものであり、決して否定的な意味ばかりだとは考えてはいない。これまでの独立運動史における「キリスト教徒」の評価においては、あくまでも愛国的行為があったか否かといった表面的事実ばかりが重要視され、彼ら個々人の人生や内面世界がどのようなものであったのかは十分に問われてこなかった。しかし、本稿で明らかにした通り、これまで「キリスト教徒」と一般に分類されてきた民族主義者の中にはさまざまなタイプがあり、それぞれが直面した課題も多様であった。したがって、三・一独立運動から一〇〇年を迎えた今日、新たな一〇〇年に向けて、私たちがなすべきことは、従来のように「キリスト教徒」の中から愛国者を探し出して、顕彰することではなく、彼らが日本の支配下という当時の文脈の中で、「キリスト教」や「教会」とどのように向き合い、いかなる課題に直面し、それをどのように克服しようとしていったかを明らかにし、それらを深い共感を持って理解することではないかと考えている。

なお、最後になるが、本稿の骨子は、二〇一九年の『歴史評論』三月号に論文として掲載されており、本稿では細かく紹介できなかった文献の典拠もそこに示してあるので、ご参照されたい。[*9]また、これとは別に一九世紀末から三・一独立運動期までの朝鮮のキリスト教とナショナリズムの関係を扱った拙著『民族を超える教会――植民地朝鮮におけるキリスト教とナショナリズム』も二〇二〇年に刊行されたので、それもご参照いただければ幸いである。[*10]

＊9　松谷基和「三・一運動における「キリスト教徒」と「教会」」『歴史評論』第827号（二〇一九年三月）

＊10　松谷基和『民族を超える教会――植民地朝鮮におけるキリスト教とナショナリズム』（明石書店、二〇二〇年）

第四章　在京台湾人留学生と朝鮮人との「連携」
――『亜細亜公論』に見られる反植民地統治運動

紀旭峰

はじめに

本稿は、第一次世界大戦後の在京台湾人留学生の諸啓蒙運動を通じて、台湾人と朝鮮人の連携を検討するものである。第一次世界大戦後の在京台湾人留学生の政治・民族運動を対象として考察する理由として次の二点が挙げられる。第一に、二・八独立宣言や三・一独立運動をはじめ、当時在京朝鮮人留学生・知識人の反帝国主義・反植民地統治運動は台湾人留学生に大いに刺激を与えたこと、第二に、当時台湾人留学生が諸啓蒙運動を推進していくなかで、朝鮮人からの協力を得ていたことである。

一九一〇年代後半、「当時朝鮮人の民族自決運動、乃至民族独立運動及び之を目的とする啓蒙文化運動は、台湾人の運動より遥かに前進しつつあり、東京留学生の如き既に数個の団体を組織し、機関紙の刊行、思想の宣伝普及を行いつつありしが、台湾人側は漸次之に接近せり。『亜細亜公論』主幹柳壽泉（柳泰慶）と蔡培火、林呈禄の親交、及び亜細亜公論に対する頻繁なる投稿は之を証するものと見るべく、殊に蔡培火は右公論社の理事を嘱託されたることあ」る（台湾総督府警務局『台湾社会運動史』（復刻版）龍溪書舎、一九七三年、二四頁）というように、在京台湾人留学生は、朝鮮人の民族運動から影響をうけ、自ら啓発会（一九一八年末、「台湾人は如何なる形態に依って解放され、現在の桎梏から救われるか」を目標として結成）や新民会（一九二〇年一月、「台湾ノアラユル革新スヘキ事項ヲ考究シ、文化ノ向上ヲ図ル」を目的として結成）などの組織や、雑誌『台湾青年』（"THE TAI OAN CHHENG LIAN" 一九二〇年七月、新民会の機関誌）の創刊、台湾議会設置請願運動（台湾の特殊性を強調し、植民地台湾における台湾人の自治を求めた政治運動で、一九二一年一月から一九三四年二月まで行われた）に取り組むと同時に、積極的に在京朝鮮人との連携を模索していた。たとえば、「早稲田大学にいた朝鮮と台湾の学生は、『亜細亜公論』誌上に日本語で政治論を交わしていた」（ジョルダン・サンド著・天内大樹訳『帝国日本の生活空間』岩波書店、二〇一五年、一二頁）というように、早稲田大学の台湾人留学生（専門部政治経済科の黄呈聡と王敏川）は、在京朝鮮人柳泰慶（ユテギョン）*1主宰の総合月刊誌『亜細亜公論』（"THE ASIA KUNGLUN"）に論考を発表する機会を得ていた。

以上の問題意識をふまえ、本稿では雑誌での連携を中心に、第一次世界大戦後、在京台湾人留学生と朝鮮人との関わりを考察してみたい。

1.「内地日本」と「本島台湾」の言論空間

(1)「内地日本」の言論空間

一九一〇年代から一九二〇年代にかけての日本では、自由主義や人類主義のみならず、社会主義やマルクス主義、無政府主義なども台頭しはじめた。第一次世界大戦前後の言論空間をみると、石橋湛山や三浦銕太郎を中心とする植民地放棄論(小日本主義)のような論考が、『東洋経済新報』に登場する。[*2] また、第一次世界大戦後、「この頃の国際社会では、米国をはじめとする戦勝諸国が、ドイツの専制と国家主義に対する自己陣営のデモクラシーと人類主義というシンボルによってこの戦争を遂行したために、人類主義、普遍主義が支配的なイデオロギーとなっていた。ここに、日本の思想界においても『人類』シンボルが熱心に受け容れられ」る

＊1 柳泰慶は、「本名で壽泉は雅号ですが同氏曾て民國北京に留學の時大陸的に彼の有名な亜太應別宮の所在地なる萬壽山と玉泉山を見てその中文字を採って附けた」のである。「読者と記者」『亜細亜公論』第一巻第六号(一〇月号)、一九二二年、六三頁。また柳泰慶は一九二三(大正十二年)六月二十日亜細亜公論ヲ蔡鴻錫外三名譲渡シ米、独、佛、伊ノ経済状態視察ヲナストシテ横浜港出発米国ニ向ヒタリ」という。『特高警察関係資料集成』第三二巻(不二出版、二〇〇四年)、一三一頁。

＊2 松尾尊兊『近代日本と石橋湛山——『東洋経済新報』の人びと』(東洋経済新報社、二〇一三年)を参照。

（竹山護夫『竹山護夫著作集第二巻——大正期の政治思想と大杉栄』名著刊行会、二〇〇六年）という指摘のように、人類主義と人道主義が大正教養主義・大正人格主義の象徴として、白樺派・宗教関係者をはじめとして、日本の知識人たちの間に広く語られていた。さらに、『改造』には、山川均、佐野学、大山郁夫をはじめとして、社会主義やアナキズム、マルクス主義などの論説も頻繁に登場した。

こうした状況のなかで、民族意識に目覚めた一部の台湾人留学生は、ほかのアジア留学生と同様に、「全世界を風靡した民族自治自決の思潮から刺激をうけ、日本の大正デモクラシーと政党政治期の自由な空気のなかにあって、西欧的民主・自由・理性を目標とする広範な文化啓蒙運動と反植民地主義的な民族運動をくりひろげた」（呉密察「台湾史の成立とその課題」溝口雄三ほか編『アジアから考える（三）周縁からの歴史』東京大学出版会、一九九四年、二二六頁）のであった。つまり、台湾人留学生たちが諸啓蒙運動に目覚めた背後には、留学生たちをとりまく東京の社会状況（思想を含む）に触発された側面もあった。なかでも、朝鮮・中国・日本を含めたアジア知識人との交流・提携は、台湾人留学生が自らの関心を「本島台湾における内台差別待遇」から、アジア、ひいては世界へと広げていく際の重要な契機になったと言っても過言ではないだろう。

（2）「本島台湾」の言論空間

日本領台後、被支配側の台湾人が危険な思想に接触することを警戒し、台湾総督府は一貫して言論統制を強めていた。もちろん、民族自決主義や、民本主義、アナキズムなど第一次世界大戦前後のさまざまな新思潮に対しても検閲制度（二重検閲を含む）をもって本島台湾への流入を防ごうとした。その言論統制の様子について、一九一九年の呉濁流の「内地日本修学旅行」を通じて垣間見ることができる。呉濁流は当時、在京台湾人留学生寄宿舎高砂寮で新思潮に関する留学生たちの講演を聞いた時の衝撃について次のように回想している。

東京では高砂寮に三日間滞在した。そこで台湾からの留学生たちの歓迎の招待をうけた。その歓迎会の席上で、名は忘れたが、爵位をもっていた貴族の寮長がいた、彼がデモクラシーという題目で堂々と講演したのにびっくりした。日本人のなかにこんな人がいるのかと思って感心した。その後、台湾の留学生が入れかわり立ちかわり、つぎつぎと演説した。悲憤慷慨、政治問題、社会問題、私どものかつて聞いたことのない問題ばかりで幼稚な私の頭はあまりびっくりしたために、それがよいのか批評する力もなかった。もちろん、それに共鳴し左傾する気持起こらなかったが、そのかわりどこかに一理があるように思って大きなショックを受けた。この旅行ではそのほかいろいろの収穫があったが、私の人生に大きな影響もないので省略する。日本旅行から帰った我々は、急にデモクラシーという新思潮に対して、血潮がみなぎってきた（呉濁流『夜明け前の台湾——植民地からの告発』社会

思想社、一九七二年、五三頁）

さらに、台湾総督府当局の厳重な言論統制は、台湾現地発行の新聞紙にとどまらず、内地日本から輸入された在京台湾人留学生主宰の雑誌『台湾青年』に対しても、内容の検閲（いわゆる二重検閲）や購読者取調べを厳しく行っていた。下記の「台湾青年の憤起――『台湾青年』誌に對する言論弾圧を糾弾する公開状」（『青年朝鮮』第一号、一九二二年二月一五日）からも、台湾総督府の厳しい取締り（二重検閲や購読者の取り調べ）をある程度まで把握できるだろう。

吾人は一昨年郷里の先輩と協力して帝都に於て台湾青年雑誌社を創立し、月刊雑誌台湾青年を同年七月より発行して今日に及んだのであるが、曾て同誌第一巻第三号にも発表した通り、台湾各地の下級官吏は同誌の発展を妨害すべく、不法にも該誌購読者に対して極力監視を加へ、或は其の購読停止を勧告したり或は其の所持の雑誌をとりあげて、読者の増加を防止することに努めた。更に中央なる台湾総督府に於ては、其の特別なる台湾新聞紙規則に依つて同雑誌の取次所を台湾島内に設置し、而して取次所より既に内務省の検閲を通過したる雑誌を毎号改めて納本し其の検閲を受け、又雑誌を読者へ発送する際には何れも総督府の認定したる取次人の印鑑を雑誌に捺すべきと命じた。斯る煩瑣なる手続による取締を続けて来たが、殊に最近に至り、其の峻酷の度を一層増して来た。即ち昨年九月一五日発行の台湾青年雑誌が内務省より一言の注意もなく東京で発行するを得たのにも拘らず、台湾に於ては其の全部を不可として発売禁止を命ぜられた。其の後該雑誌社は誠意を披瀝して、台湾で問題を起さないやうに、東京台湾総督府出張所の當局者と協議の結果、毎月発行すべき雑誌を同所で検閲を受け、其の勧告注意を聴いて訂正を加へた上で台湾へ送本すること、定めた（後略）

実際、購読者に対する取調べに加え、台湾総督府当局は、東京ではすでに内務省の検閲を通過していた『台湾青年』に対して、再度の検閲（いわゆる二重検閲）を行い、頻繁に内容の一部削除や発禁を命じる。たとえば、一九二三年二月、第三回台湾議会設置請願書が帝国議会に提出された直後、雑誌『台湾』（一九二二年、『台湾青年』から改題）には「必現すべき台湾議会」という特集が設けられ、安部磯雄（「自治の訓練を与へよ」）、杉森孝次郎（「台湾の近い将来に対するわたくしの希望」）、帆足理一郎（「台湾議会設立案に就て」）、佐野学（「台湾議会の設置を助けよ」）など、日本知識人も台湾議会と自治問題に対するそれぞれの見解・方法論をよせているが、安部、杉森、佐野三名の論説は、「台湾当局の機嫌に触れたと見えて、島内の発売を禁止された」（「編輯室」『台湾』第四年第四号、一九二三年）。

表1　二・八独立宣言と三・一独立運動に関する『台湾日日新報』の記事

掲載日・巻号	タイトル	和文	漢文	概　要
1919年2月9日・6697号	朝鮮学生取調	和文		青山学院寄宿舎の朝鮮人の取調べと同行
1919年2月10日・6698号	査問朝鮮学生		漢文	同上（漢文訳）
1919年2月10日・6698号	在京鮮人紛擾	和文		神田朝鮮基督教青年会館600名集合
1919年2月14日・6702号	鮮人学生不穏	和文		基督教青年会館と日比谷公園の屋外演説
1919年2月16日・6704号	鮮人学生有罪	和文		出版法違反により朝鮮人学生の有罪・収監
1919年2月25日・6713号	朝鮮学生引致	和文		朝鮮人学生百数十名、日比谷公園集合、演説
1919年2月26日・6714号	拘致朝鮮学生		漢文	同上（漢文訳）
1919年3月4日・6720号	京城に暴動起る	和文		基督教青年会会員など数百名独立万歳を叫び
1919年3月4日・6720号	仁川も亦不穏模様	和文		龍山師団の兵多数急行
1919年3月5日・6721号	朝鮮総督更迭説	和文		朝鮮統治に対する政策の改善、総督の更迭ある可し

出典：『台湾日日新報』1919年2月8日～4月30日より、筆者作成

（3）御用新聞『台湾日日新報』からみた二・八独立宣言と三・一独立運動

では、一九一九年におきた朝鮮人の二・八独立宣言と三・一独立運動について、台湾総督府の御用新聞『台湾日日新報』は、どのように報道したかを概観してみたい。

表1を通じて、当時、『台湾日日新報』は、二・八独立宣言と三・一独立運動についてあまり報道をしなかったことがわかる。実際、数少ない記事の内容をみると、朝鮮人の要求や、独立運動の背景についてほとんど触れず、その内容（**図1・2**と**記事1・2**）は専ら警察部隊との衝突や、内地人商店の破壊、出版法違反などの面ばかり取り上げていた。このように台湾総督府の厳しい言論統制の

図1　1919年2月10日の記事

●在京鮮人紛擾（九日東京發）

八日午後神田西小川町の朝鮮基督敎青年會館に朝鮮人六百餘名集合し某重大問題に就き會議を開き居たるを警視廳にて探知し八十餘名の警官を派して解散を命じ首謀者の同行を求めたるが彼等は容易に應ぜず遂に警官と衝突し窓硝子を破壊する等の紛擾を來し數名の輕傷者を出したるが結局二十八名を引致し取調中なるが彼等の多くは留學生也

出典：『台湾日日新報』第6698号

図2　1919年3月4日の記事

●京城に暴動起る（三日門司發）

今朝京城より來れる者の談に依れば暴動は主として京城に起り一日午後二時鮮人基督敎青年會員を始め數百名の群集獨立萬歳を叫びて市内を練り歩き途々内地人商店に小石を投ずるより警官之を制せんとしたるも追々群集數千に達せんとするより龍山の兵を繰出したるものにて首魁は天道敎の一味にて直ちに捕縛され其他多數引致され一先づ靜まりたるが國葬日に又暴動するやも知れず警戒嚴重なり

出典：『台湾日日新報』第6720号

記事1　「在京鮮人紛擾（九日東京電）」

八日午後神田西小川町の朝鮮基督教青年會館に朝鮮人六百餘名集合して某重大問題に就き會議を開き居たるを警視廳にて探知し八十餘名の警官を派して解散を命じ首謀者の同行を求めたるが彼等は容易に應せず遂に警官と衝突し窓硝子を破壊する等の紛擾を来し數名の輕傷者を出したるが結局二十八名を引致し取調中なるが彼等の多くは留學生也（『台湾日日新報』第六六九八号、一九一九年二月一〇日）

記事2　「京城に暴動起る（三日門司發）」

今朝京城より来れる者の談に依れば暴動は主として京城に起り一日午後二時鮮人基督教青年會員を始め數百名の群集獨立萬歳を叫びて市内を練り歩き途々内地人商店に小石を投ずるより警官之を制せんとしたるも追々群集數千に達せんとするより龍山の兵を繰出したるものにて首魁は天道教の一味にて直ちに捕縛され其他多數引致され一先づ静まりたるが國葬日に又暴動するやも知れず警戒嚴重なり（『台湾日日新報』第六七二〇号、一九一九年三月四日）

下、台湾現地の台湾人にとって、二・八独立宣言と三・一独立運動に関する正確な情報を入手することはかなり困難であったに違いない。この例からも、総督府当局の検閲がいかに内地日本より厳しかったかを再確認することができるだろう。

2. 在京台湾人留学生と朝鮮人の交流

（1）第一次世界大戦前後の台湾人留学生の状況

台湾総督府の留学生政策（資産家子弟の内地日本留学奨励や植民地経営の人材育成）により、初期台湾人留学生の進学先は、小学校のみならず、中学校や実業学校への留学が目立っていた。ところが、一九一〇年代半ば以降、台湾人の向学心や、進学ルートの不連続、板垣退助の台湾同化会[*3]などの影響もあって、高等教育機関への留学が次第に増加しはじめる。のちに政治運動の

＊3　台湾同化会については次のような指摘がある。「台湾人による政治的民主主義獲得のための最初の組織は、板垣退助の台湾訪問を契機にして、一九一四年一二月に結成された台湾同化会であった。台湾同化会の要求するものは、「台湾人も人なり、日本人同様の権利と待遇を得たいということにあった」のである。この組織は、一九一五年二月末、台湾総督府によって解散を命ぜられた。」浅田喬二『日本植民地研究史論』（未來社、一九九〇年）五九六頁。また、台湾同化会については、岡本真希子「植民地在住者の政治参加をめぐる相剋――「台湾同化会」事件を中心として」『社会科学』第八九号（同志社大学、二〇一〇年）を参照。

表2　明治後半期から大正期までの台湾人留学生の所属の推移

学級 年度	初等学校	中等学校	実業学校				高等学校大学予科	専門教育	大学	特殊学校・その他	合計	在京台湾留学生
			農	商	工	小計						
明治39（1906）年	10	9	3		1	4		13			36	
明治40（1907）年	19	22	5	4	5	14		7			62	
明治41（1908）年	23	13	5	3	7	15		8		1	60	32
明治42（1909）年	28	30	10	5	5	20		13		5	96	43
明治43（1910）年	43	41	10	5	8	23		15		10	132	54
明治44（1911）年	65	52	13	6	3	32		18		9	176	約70
明治45（1912）年	76	94	13	30	4	47		35		12	264	120
大正2（1913）年	57	130	11	53	11	75		39		14	315	
大正3（1914）年	47	155	15	50	4	69		45		9	325	
大正4（1915）年	40	179	7	42	4	53		50		5	327	121
大正5（1916）年	82	183	12	58	4	74		55		21	415	203
大正6（1917）年	83	201	12	68	8	88		86		24	482	211
大正7（1918）年	63	200	2	28	8	38		102		90	493	約280
大正8（1919）年	91	219	2	37	7	46		119		89	564	349
大正9（1920）年	94	231	2	38	9	49		139		136	649	461
大正10（1921）年	116	297	1	34	13	48		173		123	757	528
大正11（1922）年	40	252	2	32	12	46		182		223	743	
大正12（1923）年	39	291				52	73	165		242	862	
大正13（1924）年	37	292				45	77	145		254	850	
大正14（1925）年	21	275				36	114	123	29	230	828	
大正15（1926）年	18	253				36	75	153	71	280	886	

注：①「中等教育」は中学校と高等女学校を指し、「その他」は「初メテ留学シ未タ入学ノ定マラサル者及小学校、中学校等ヲ卒ヘ更ニ他ノ学校ニ入学セムトシ準備中ニアル者ヲ算入セリ」とする。②大学については、大学各自の統計資料があるが、全体数が不明であるためここでは省略する。③空欄は資料不明による。

出典：各年度『台湾総督府学事年報』『東洋時報』、佐藤由美・渡部宗助「戦前の台湾・朝鮮留学生に関する統計資料について」（『植民地教育体験の記憶』皓星社、2005年）より筆者加筆作成。

先駆けとして活躍した蔡培火（板垣退助講演の通訳担当）も台湾同化会から刺激を受け、日本留学を決めた一人である。表2からわかるように、大正期半ば以降になると、専門学校以上の高等教育機関に進学する台湾人はついに百名を突破した。当時の台湾人にとって、大学への進学は狭き門であったため（進学ルートの不連続などの影響）、彼らの大半は進学先として学部ではなく、予科卒業の資格がなくても受験できる専門部を選択した。

そこで、進学予備校（正則英語学校や研数学館など）、専門学校、大学などの高等教育機関が東京に集中していたため、東京への集中も台湾人留学生の一つの傾向であった。東洋協会の調査によれば、その数は一九一八年には五七％であったが、翌年の一九一九年には六二％になり、一九二〇年になると、それは日本に留学する台湾人留学生の総数のおよそ七〇％を占めるまでの驚異的な数字になっていた。これに対し、明治から大正の初期までには、小・中学校留学が多数を占めていたが、日台共学制度と第二次台湾教育令の影響で、小学校への留学がかなり減った。

（2）雑誌『亜細亜公論』からみた在京台湾人と朝鮮人との連携

戦前の在京台湾人と朝鮮人留学生との交流については、「同じ日本統治下にありながら、台湾留学生と朝鮮留学生の日常レベルでの交流や連帯が殆ど見られない」（佐藤由美「青山学院の台湾・朝鮮留学生に関する記録【1906－1945】（Ⅲ）」『青山学院大学教育会紀要「教育研究」』第五〇号、二〇〇六年、六一頁）という指摘がある。しかし、『革新時報』『青年朝鮮』『亜細亜公論』などをはじめとする機関誌の発行において提携がみられただけでなく、当時、神田基督教教会、新亜同盟党、コスモ倶楽部など、教会や思想啓蒙団体を媒介として在京台湾人と朝鮮人の交流が多少なりとも存在していた。[*4]

図３『亜細亜公論』創刊号と目次

さて、当時台湾人留学生の数は、中国人や朝鮮人に比べてはるかに少なかった上に、「従来之等の在京留学生は努めて内地の習慣に同化せんとし、社会問題、政治運動等に深き関心を寄する状なく偶々支邦（ママ）人留学生、若は朝鮮人学生等より『唯々諾々日本統治下に屈従する愚』を嘲笑され」る（前掲書『台湾社会運動史』、二四頁）というよ

＊4　新亜同盟党の詳細については、小野容照『朝鮮独立運動と東アジア 1910－1925』（思文閣出版、二〇一三年）を参照。暁明会と建設者同盟の活動に参加したアジア人留学生については、社会文庫編『大正期思想団体視察人報告』（柏書房、一九六五年）三四、四〇頁を参照。

言論界の大革命

亞細亞公論創刊號　目次

先づ東亞は東亞自身を……（卷頭言）……（一）

人類の爲に……（創刊辭）……（二）

國家主義と國際主義……代議士 尾崎行雄（九）

亞細亞人の爲に……代議士 植原悅二郎（一一）

朝鮮人の赤心は!!……本誌主幹 柳泰泉（一三）

——祝亞細亞の論發刊——……臺灣 林獻堂

眞實に生きよ……代議士 島田三郎（一九）

極東の平和果して如何……臺灣青年雜誌主幹 蔡培火（二二）

——[illegible]——

赤の試驗管……國民新聞編輯長 馬場恒吾（二九）

自治、責任、及び創造の國際普及を望む……早大教授 杉森孝次郎（三一）

——[illegible]の爲に——

日本の思想界の友に與へて……黃錫禹（三三）

改造途上の亞細亞……代議士 永井柳太郎（三七）

日本は大日本主義を放棄す可し……東洋經濟新報編輯長 石橋湛山（四三）

亞細亞民族と被搾取階級……文學士 赤神良讓（五一）

祝亞細亞公論發刊……朝鮮基督教青年會總務 白南薰（五五）

國際聯盟의背景을論하야其實現과將來造論함……可隱生（五六）

같음會을爲하야……一記者（六〇）

永久의幻滅……黃錫禹（六三）

求日本人之反省……民國 潘鶴逸（六八）

中日的過去現在將來與世界和平……民國 醉天生（七三）

図４　『亜細亜公論』創刊号目次

正義人道の急先鋒!!

悲鳴乎、雄叫びか
——臺灣に於ける言論壓迫を内地朝野諸君に訴ふ……（七六）
——臺灣議會設置請願書……（八一）
——朝鮮浪人の内政獨立運動乎!!……（[illegible]）
——日本紳士諸彦に告ぐ……（九九）
民國處理案であるとか……（一一〇）

一九二二年度在日本朝鮮留學生卒業生一覽（民國の留學既卒業生）日本人の最も注意すべきものは——

田川氏の朝鮮自治案と柳審泉……A記者（一二〇）
吉野博士と柳氏との會話をきく……H記者（一二四）

評論一束……審泉（一二七）
耶日を迫るよりも親善は如何？——現代基督敎信者の幽靈——在滿日本人經濟の當局（官權は民國人の死刑場乎——朝鮮貴族及富豪の反省を求む——朝鮮の參政權運動者よ——東京女高師敎授の敎育差別——京城毎日申報の卑劣行爲——普選最後の決戰見て——可笑な民國の裁判

茶目哲學（一）……早稲田隱士（一三八）
尾崎邸を訪ふ……A記者（一四四）
朝鮮事情新聞の一節より……一記者（一四六）
紫國民の慘状!!……H記者（一四七）
柳審泉君に與ふ……能勢岩吉（一四八）
三國語敎授……審泉（一五二）
印度の淫神の話……能勢抱春（一五三）
曇寧ご王生の戀（聊齋より）……審泉譯（一六七）
舊作より……茂木麟太郎（一七〇）
大同江の秋月（詩）……内田梓子（一七一）
日は過ぎた（詩）……佐藤生譯（一七三）
西湖雜詩漢詩（譯詩）……湯鶴逸（一七三）
靜かなる追憶（創作）……能勢岩吉（一七五）

うに、民族意識の覚醒と啓蒙運動の展開についてもかなり遅れていた。朝鮮でおきた三・一独立運動から刺激をうけた一部の台湾人留学生は、朝鮮人との協力を図るようになった。たとえば、蔡培火、黄呈聡、王敏川らは、朝鮮人の鄭泰玉や柳泰慶との親交・斡旋を通して、『青年朝鮮』と『亜細亜公論』から原稿掲載の機会を得ている。以下では、在京朝鮮人主宰の雑誌『亜細亜公論』を中心に、台湾人留学生と朝鮮人との関わりについて概観する。

当時、さまざまな思想が咲き乱れる時代の下、アジアの現在と将来めぐっても頻繁に論じられるようになり、『東方時論』（一九一六年九月創刊）をはじめアジアを大きなテーマとして取り扱う機関誌も相次いで創刊された。そこで、一九二二年五月にいままでに例のない、「一機関誌中に三言語が混在する」といった『亜細亜公論』が出現した。創刊号の「社告」に記されるように、『亜細亜公論』は、「中日朝三文体にして亜細亜各国名士淑女の意見を発表すると同時に東京に遊学する各国留学生の事情を掲載し且つ一般の政経、外交、教育、宗教、社会、労働、女子界、文芸、其他各種掲載」するという画期的な発想をもった在京朝鮮人の柳泰慶の手によって創刊された総合月刊誌であった。『亜細亜公論』は、「何にも亜細亜民族の団結とか統一とか、そんなケチ臭い考のものではない。人類主義の表徴の積りでこの題を選定したわけだ。人類の幸福は、各人の幸福の拡張だ。世界平和の必要なるが為には、どうしても吾々としては腐敗した亜細亜自身が、欧米人に遜色のない人格者にならなければならない。現状から考へると、どうしても第一歩として亜細亜人は覚醒を要する、さうして魚食魚たらん根性から脱れねばならぬ」(創刊号「『誌題』懸賞募集」二八頁)という趣旨の下、「人類主義をもって、アジア人を覚醒させる」ことを当面の目標として第一歩を踏み出したのである。

『亜細亜公論』は、安部磯雄、杉森孝次郎、三浦銕太郎、石橋湛山、高辻秀宣をはじめとする早稲田大学系の日本人執筆者が多いだけでなく、[*5]アジア各地の知識人や政治家、留学生なども健筆をふるっていた。そこで、無署名の寄稿を除いて、中国人と台湾人執筆者については次のような人物があげられる。中国人に関しては、戴季陶(戴傳賢・戴天仇)、傅立魚(中国人による東北で最初の啓蒙進歩団体「大連中華青年会」の発起人、一九二〇年七月)[*6]、湯鶴逸、張昌言、楊槖吾、胡中和、王了人、了人(王了人と同一人物の可能性が高い)、酔天生(ペンネーム)などが挙げられる。これに対して、台湾人執筆者は蔡培火と黄呈聡、王敏川(錫舟)などであった。さら

---

*5 『亜細亜公論』の趣旨と日本人執筆者については、後藤乾一『アジア太平洋討究』第一二号(早稲田大学アジア太平洋研究センター、二〇〇九年)を参照。「大正デモクラシーと雑誌『亜細亜公論』——その史的意味と時代背景」を参照。

*6 傅立魚については、高紅梅「大連における傅立魚——ナショナリズムと植民地のはざまで」『言語・地域文化研究』第一一号(東京外国語大学地域文化研究科、二〇〇五年)四三－五九頁や、橋本雄一「「五四」前後の大連における傅立魚の思想と言語——一九一九年ごろの日本植民地に生きた中国知識人を観察するということ」『立命館文学』第六一五号(立命館大学、二〇一〇年)五五－六七頁などを参照。

に、留学生の論客を見ると、早稲田大学専門部政治経済科の執筆者が多かったことがわかる。例えば、朝鮮人の李相壽（イサンス）（一九二二年卒）、白南薫（ペクサムクン）（一九一七年卒）[*7]、中国人の湯鶴逸（一九二二年卒）、張昌言（一九二四年卒）と台湾人の黄呈聡（一九二三年卒）、王敏川（一九二三年卒）などが挙げられる。なかでも、署名のある台湾人執筆者は合計三名の中に、早稲田大学専門部政治経済科が二名を占めている。

ではなぜ、早稲田大学政治経済科の留学生が多く関与していたのだろうか。その理由の一つには、『亜細亜公論』と早稲田系知識人との深いつながりが挙げられる。というのも、『亜細亜公論』創刊当初から、早稲田系の日本人執筆者が多い上に、本社が早稲田鶴巻町にあったのである（中目黒から早稲田鶴巻町二四番地に移転）。こうした要因が、早稲田大学の留学生に、大きな役割を担う機会をもたらしたと考えられる。

さて、小寺謙吉の『大亜細亜主義論』（一九一六年）をはじめ、「第一次世界大戦期頃から『日本の指導制を前提としたアジア諸民族の連帯』という意味でのアジア主義が日本の言論界の中で一定の影響力を持つようになった」（後藤乾一、前掲論文「大正デモクラシーと雑誌『亜細亜公論』――その史的意味と時代背景」一五四頁）というムードに対し、『亜細亜公論』は「東亜唯一の一等国」という日本人の優越意識（愛国主義）を指摘した上で、アジア主義的な考え方とは明確な一線を画していた。それに加えて、一九二〇年代に入ってからも依然として国際的排日運動の潮流、植民地における自治などの難題を抱えていた日本に対して、『亜細亜公論』も積極的に「植民地議会設置」「植民地自治」をめぐる時論を扱うことになった。たとえば、アイルランドをめぐる植民地統治問題が、当時植民地であった朝鮮と台湾に大きな波紋を及ぼしいるなかで、創刊号のコラム「悲鳴乎、雄叫びか」は、一〇頁以上の紙面を割いて「台湾における言論圧迫を内地朝野諸賢に訴ふ」（この記事の内容の一部は、『青年朝鮮』第一号にも掲載された）と「台湾議会設置請願書（議会提出）」とその理由を掲載した。

まず、「台湾における言論圧迫を内地朝野諸賢に訴ふ」と題する論説は、総督府当局の検閲が内務省より苛酷であると示唆した上で、「台湾青年の論調は兎角過激に流れ空論に走り易く台湾当局の施政に対しても漫然として論評の筆を執り施政の根本方針を論議する等其の真目的を誤り自己が尚勉学研鑽の途中に在る学生の身分なるを忘れ徒らに空論を喜ぶの風がありこれを在台湾青年に読ましむる事は百害あって一利なし」という『台湾日日新報』の悪意中傷を例に、台湾の言論機関が完全に台湾当局にコントロールされることを指摘した。

次に、「台湾議会設置請願書」（「台湾特別立法の由来」「台湾住民に特別参政権を附与するの必要」

＊7　創刊号に祝辞を寄せた朝鮮人白南薫も大学部政治経済学科の卒業生である。白南薫については、佐藤飛文「解説　白南薫について」『明治学院歴史資料館資料集第八集　朝鮮半島出身留学生から見た日本と明治学院』（明治学院歴史資料館、二〇一一年）一一三－一一四頁を参照。また朝鮮人執筆者の詳細は、裵姈美「雑誌『亜細亜公論』と朝鮮」『コリア研究』第四号（立命館大学コリア研究センター、二〇一三年）を参照。

「台湾議会設置請願の要旨」「台湾議会設置の反対論に対する弁明」など）をみてみよう。この長文では、フランスなどの植民地統治の実態を取り上げ、台湾議会設置の妥当性と必要性を述べている。

『アルゼリア』以外の仏領植民地は二三の保護国を除き、多くは同化制度と自治制度とを並び行われ、植民地住民は本国議会に代議士を選出すると同時に植民地自身の内政は或程度まで之を植民地議会に於て議決するの権能を附与せられあり。是れに依りて見れば仏国の同化政策も過去の失政に鑑み次第に自治的制度を認めつ、あるを知るべし…（中略）…如何に此の島内に固着せる三百五十万附民をして永遠に帝国の仁政を衷心より悦服し祝福せしむべき乎は、実に容易なる問題に非ざるべし。茲に於て恐れ多くも一視同仁の聖治に浴せる吾人は台湾の現状と帝国の政体と世界の思潮とに鑑みて台湾住民に特殊の使命を発揮せしめんが為め、先づ特別参政権附興（ママ）の必要を認むると同時に、帝国百年大計より観て台湾統治の根本方針は彼の失敗多き不徹底なる同化政策の如きを採らず、従来台湾当局の維持せる特別立法は宜しく時勢に適応する立憲的精神に準拠して之を行わしめ、以て台湾住民の福祉及発達を計ると共に、台湾統治の終局的成功を収められんことを切望す。是れ今般敢て台湾民選特別議会設置を帝国議会に請願したる所以にして、苟も帝国の強と大とを以て自ら任ずる母国紳士ならんか、気宇宏大、必ずや吾人の合法的要求の越旨を諒とせられ、台湾に在る新附同胞の言語風習及其の正当なる権利を認容せらるべきを確信する

ものなり。（創刊号、九〇－九二頁）

一方、蔡培火「極東の平和果して如何」の主な論点は台湾におかれたというよりも、むしろ、「日中」・「日朝」・「日台」という相互関係の改善にあったと考えてよい。蔡培火は、まず歴史に遡って「日朝」と「日台」の相違点を論じ、朝鮮台湾に対する日本の差別政策の撤廃を呼びかけている。それから、極東の平和を実現するには、「日華相親」（日中親善）が不可欠な一要素であると力説する。実際、上記の論説が発表される前年、すなわち一九二一年八月、蔡培火は「中日親善の要諦」（『台湾青年』第三巻第二号）と題した一論のなかで、日中両国親善の意義・必要・障碍について論じていた。[*8] また、ヴェルサイユ講和会議とワシントン平和会議における日中両国の激しい抗争に対し、蔡培火は、「極東は極東人の極東である。極東の建設は極東人の手に依らねばならぬと同様に、其の破壊も極東人に依って行わるべき筈である」（創刊号、二四頁）と強く訴えている。

ここで注意しなければならない点は、この「極東は極東人の極東である」という論調は、決

＊8　一九二八年に刊行した『日本々国民に與ふ』（岩波書店、一九二八年）のなかで、蔡培火は日中関係について次のように指摘している。「実に日本対朝鮮、台湾の問題は、日本対中国の問題の二大試金石であつて、中日の関係は、日鮮、日台の関係にその聯結の端緒を得べきである」という。同書、一三九頁。

してモンロー主義のような排外的なものではなかったということである。というのは、蔡培火が「極東は極東人の極東である」という論調を打ち出した真意は、「極東に於ける一切の紛糾は、皆極東人自ら醸した罪業と信ずるものである。極東宜しく自ら進んで其の責を負うべくして、決して他へ転嫁すべきでない」（創刊号、二四頁）という「アジア人の自己反省」に由来すると考えられるからである。

また、黄呈聡が発表した「台湾の経済的危機」と題する論文は、一九二一年に、台湾総督府の検閲で全文削除の命令をうけた「台湾経済界の危機と其の救済」（『台湾青年』第三巻第五号、一九二一年）と「台湾経済界の危機と其の救済（承前）」（『台湾青年』第三巻第六号、一九二一年）に加筆したものと見なすことができる。黄呈聡はまず、植民地母国本位主義と植民地本位主義の優劣について、欧米の例を取り上げ、「西班牙（スペイン）及葡萄牙（ポルトガル）は吸収主義の為に多数の植民地を失ひ、残余の少数の植民地は却って毎年本国より逆に補助しつゝある状態である。英国は概して独立自給主義を採りたる為に補助金を免れ、母国と植民地は互に融合して繁栄しつゝあるは鑑とすべきである」と述べている。

王敏川は、「希望賢明政治家之出現」（中国語）と題する原稿を寄せた。王敏川は、台湾議会の設置、植民地言論集会の自由などを実現するためには、「党派を超越すること」「党派を感化すること」「党派に左右されないこと」といった三つのキーワードを提起した上で、有色人種と白色人種との地位平等を図るためには、朝鮮民族日本民族漢民族が協力し合わなければならないと、賢明な政治家の出現を強く望んでいた。

則當有超越黨派之毅力。感化黨派之能力。勿為黨派之所左右。庶可謂賢明之政治家也。故於日本本土。當使普通選舉的實現。即同此意。而於台湾則當許設置民選議會。苟能如是。則不但可避特權階級之專橫。而亦可融可和民族之感情也。…（中略）…況觀亜細亜之文明。於今日尚遠遜歐米。誠難自為庇護。白色人種之每自誇為優等人種。豈非有特於此。而有色人種之輙被蔑視。亦豈非有基於此。有色人種不相發奮圖文化之進歩。終為所侮。亦安能免。故於有色人種中。如朝鮮民族日本民族漢民族。實有負指導文化之使命。欲期有人色種與白色人種有同等文化之地位。非此三民族協同努力。何能達此目的。故欲圖有色人種此進歩。不為白色人種所輕視。宜相援助。不宜相傾陥…（後略）…（第二巻第一号（新年号）、一九二三年、一六頁）

〔日本語大意〕それならばまさに党派を超える根気と党派を感化させる能力を持つべきである。党派によって左右させられてはならない。そうであってこそ賢明な政治家と言うことができるのである。だから日本の本土においては、まさに普通選挙を実現させるべきである。そしてこれと同じ理由によって、台湾においてもまさに民選議会の設置を認めるべきである。もしそれができれば、特権階級の専横を回避するだけでなく、民族の感情を融和させることもできるのである。

……ましてアジアの文明をみれば、今日においてもなお欧米には遠く及ばず、自らを庇護するのは実に難しい。白色人種がみな自らを優等人種として誇っているのも、そして有色人種たちがいつも蔑視されるのもまた、ここに原因があるのではないか。有色人種が互いに発奮して文化の進歩を図ろうとしなければ、結局侮られてしまうことになってしまうのだ。だから有色人種の中でも、朝鮮民族、日本民族、漢民族などは、まさに文化を指導する使命を負うのである。有色人種が白色人種と同等の文化的地位を持とうとするならば、この三つの民族が協同して努力しなければ、どうしてその目的を達成できるだろうか。有色人種がこの進歩を望み、白色人種に軽視されないようにと望むなら、互いに援助すべきで、決して互いに陥れてはならないのである。

黄呈聡、王敏川の二人は、早稲田大学専門部政治経済科を卒業した同級生であった。実際、『亜細亜公論』だけではなく、黄呈聡と王敏川はほぼ同じ時期に雑誌『台湾青年』にも積極的に論説を発表している（表3）。

『亜細亜公論』への台湾人の寄稿は決して多くなかったものの、当時の台湾知識人にとって、『亜細亜公論』は、単なる台湾総督府の統治政策の問題点を批判する媒体のみならず、台湾知識人の政治的主張と要求を述べる場所でもあった。

表３　『台湾青年』と『台湾』の中の王敏川と黄呈聡の執筆

執筆者	タイトル	巻号
王敏川	臺灣青年發刊之旨趣（漢文）	『台湾青年』第1巻創刊号、1920年
	女子教育論（漢文）	『台湾青年』第1巻第3号、1920年
	論先覺者之天職（漢文）	『台湾青年』第2巻第4号、1921年
	臺灣教育問題管見（漢文）	『台湾青年』第3巻第4号、1921年
	臺灣教育問題管見（続前・漢文）	『台湾青年』第3巻第5号、1921年
	吾人今後當努力之道（漢文）	『台湾』第4年第1号、1923年
黄呈聡	保甲制度論	『台湾青年』第2巻第3号、1921年
	保甲制度論（漢文）	『台湾青年』第2巻第3号、1921年
	台湾教育改造論	『台湾青年』第3巻第1号、1921年
	台湾教育改造論(続前)	『台湾青年』第3巻第2号、1921年
	臺灣教育改造論（漢文）	『台湾青年』第3巻第2号、1921年
	臺灣教育改造論(続前・漢文)	『台湾青年』第3巻第3号、1921年
	臺灣教育改造論(続前・漢文)	『台湾青年』第3巻第4号、1921年
	台湾経済界の危機と其の救済	『台湾青年』第3巻第5号、1921年
	台湾経済界の危機と其の救済（承前）	『台湾青年』第3巻第6号、1921年
	年頭雑感	『台湾青年』第4巻第1号、1922年
	人類の本性的要求	『台湾』第3年第2号、1922年
	台湾農会規則の根本的改選を望む	『台湾』第3年第3号、1922年
	支那渡航旅券の廃止を望む	『台湾』第3年第9号、1922年
	牧羊與牧民（漢文）	『台湾』第4年第2号、1923年
	論普及白話文的新革命（漢文）	『台湾』第4年第1号、1923年
	臺灣評議會改造論（漢文）	『台湾』第4年第5号、1923年
	思想言論の自由を重ぜよ	『台湾』第4年第7号、1923年

出所：『台湾青年』、『台湾』より筆者作成。

結びに代えて

以上概観してきたように、第一次世界大戦後、次第に民族意識に目覚めはじめた在京台湾人留学生が、諸啓蒙運動を模索する過程で、朝鮮人から協力を得ていたことは、否定できない事実であろう。戦前期、同じ日本の植民地統治下に置かれた朝鮮人と台湾人は、地理的距離によってお互いになかなか交流できなかったが、「日本留学」を通じて、両者の接触はようやく可能となった。

　近代台湾の諸啓蒙運動の展開過程において、キリスト教系の日本知識人（教会ネットワーク）[*9]からのサポートも重要であったと同時に、朝鮮人からの刺激と協力も無視することはできないだろう。とくに、台湾人留学生の民族意識の覚醒と、内地日本では台湾統治の実態があまり報道されなかったことを考えると、台湾人にとって『革新時報』『青年朝鮮』や『亜細亜公論』など朝鮮人主宰の雑誌は、内地日本人に対して台湾総督府の内台差別政策の実態を告発できる数少ない媒体だったといえる。

　また、より開かれた知的対話の空間を目指した総合月刊誌『亜細亜公論』をみると、台湾人留学生は、『亜細亜公論』という知的交流の場を媒介に、朝鮮人やほかの地域からの知識人たちとの間で互いに直接的・間接的な交流と対話をもつようになり、やがてそれがひとつの「横のネットワーク」を形作ったといえる。そして、こうした知的交流の場は、台湾人留学生にとって、アジアまたは世界という大きな枠組みから故郷台湾を考える重要な契機でもあった。とりわけ、第一次世界大戦終結後すでに百年を数える今日に至ってもなお、台湾人はナショナル・アイデンティティの構築に悩まされ続けている。今日の台湾人が自らの将来を模索する上では、一九一九年の二・八独立宣言と三・一独立運動の原動力を探り、そしてその歴史的意義を問う作業が、ひとつの重要な糸口になるのではなかろうか。

参考文献

台湾総督府警務局『台湾社会運動史』（復刻版）龍溪書舎、一九七三年（初出：『台湾総督府警察沿革誌』第二編領台以後の治安状況中巻、一九三九年）。

『特高警察関係資料集成』第三二巻、不二出版、二〇〇四年。

朴慶植編『朝鮮問題資料叢書第一二巻　日本植民地下の在日朝鮮人の状況』アジア問題研究所、一九九〇年。

後藤乾一・紀旭峰・羅京洙編集解題『二〇世紀日本のアジア関係重要研究資料　亜細亜公論・大東公論』（復刻版・全三巻）、龍溪書舎、二〇〇八年。

小野容照『朝鮮独立運動と東アジア 1910－1925』思文閣出版、二〇一三年。

太田雅夫『増補大正デモクラシー研究――知識人の思想と運動』新泉社、一九九〇年。

紀旭峰「大正期台湾人留学生寄宿舎高砂寮の設置過程」『日本歴史』第七二二号（七月号）、吉川弘文館、二〇〇八年。

――「近代台湾の新世代法律青年と政治青年の誕生――大正期台湾人の「日本留学」を手がかりに」『東洋文化研究』第一三号、学習院大学東洋文化研究所、二〇一一年。

――『大正期台湾人の「日本留学」研究』龍溪書舎、二〇一二年。

佐藤由美「青山学院の台湾・朝鮮留学生に関する記録【1906－1945】（Ⅲ）」『青山学院大学教育会紀要「教育研究」』第五〇号、二〇〇六年。

佐藤飛文「解説　白南薫について」『明治学院歴史資料館資料集第八集　朝鮮半島出身留学生から見た日本と明治学院』明治学院歴史資料館、二〇一一年。

周婉窈（若松大祐訳）「台湾議会設置請願運動についての再検討」和田春樹・後藤乾一・木畑洋一ら編集『岩

＊9　拙稿「植村正久と台湾――近代日本キリスト者を通じて」『問題と研究』第三六巻第六号（国立政治大学国際関係研究センター（台北）、二〇〇七年）を参照。

波講座　東アジア近現代通史5　新秩序の模索　一九三〇年代』岩波書店、二〇一一年。

ジョルダン・サンド著・天内大樹訳『帝国日本の生活空間』岩波書店、二〇一五年。

裵姈美「雑誌『亜細亜公論』と朝鮮」『コリア研究』第四号、立命館大学コリア研究センター、二〇一三年。

松尾尊兊『大正デモクラシー』岩波書店、一九七四年。

李成市・劉傑編著『留学生の早稲田——近代日本の知の接触領域』、早稲田大学出版部、二〇一五年。

山室信一『思想課題としてのアジア——基軸・連鎖・投企』岩波書店、二〇〇一年。

若林正丈『台湾抗日運動史　増補版』研文出版、二〇〇一年。

第五章　五・四運動から見た「二・八」と「三・一」——中国史研究の視点から

小野寺史郎

はじめに

今回のシンポジウム「東アジアにおける二・八独立宣言の意義」の各報告は、それぞれに独自の視点をもつ、優れた研究だった。ただ、敢えてそれらに共通する問題意識や分析視角をまとめると、おおよそ次のように言うことができるのではないか。つまり、三・一独立運動の導火線というにとどまらない、二・八独立宣言の独自の意義を考えた場合、日本やキリスト教という「手段」を介して運動が準備・展開されたことの重要性が指摘できるということである。

特に評者が興味深く感じたのは、小野容照報告や紀旭峰報告が、当時の日本における朝鮮人留学生と、中国人留学生、台湾人留学生、在日朝鮮人などの相互の影響関係の検討から、彼らの間で連帯が模索された一方で、すれ違いや分岐の側面もあったという両面性を指摘していることである。この点を手がかりとして、各報告に対し、評者が専門とする中国近代史研究の立場からコメントを試みたい。

1．中国近代史研究における三・一独立運動と五・四運動の位置づけについて

この問題を論じるうえで、まず二・八独立宣言および三・一独立運動と同じ年に中国で起きた五・四運動の概要を紹介したい。一九一八年一一月に第一次世界大戦が終結し、一九一九年一月にパリ講和会議が始まると、一九一七年にドイツ・オーストリアに宣戦していた中華民国も戦勝国として代表団を派遣した。中国代表団は会議の席上で、大戦中に日本が中国に行った二十一ヵ条要求（山東半島のドイツ利権の日本への譲渡、日本の東三省利権の返還期限延長など）の有効性を否定し、また清末以来の列強との不平等条約の改正を訴えた。しかし会議の結果、ヴェルサイユ条約（対独講和条約）では山東半島の旧ドイツ利権は、最終的な中国への返還を前提としつつも、日本に譲渡されることとなった。中国国内にこの報が伝わると、同条約の調印拒否と山東利権回収を訴える世論が高まった。

五月四日、北京大学をはじめとする学生たちが、山東利権の回収と、対日交渉を担当したことで「親日派」と見なされた曹汝霖・陸宗輿・章宗祥の罷免を訴えて天安門前からデモを行った。学生たちはアメリカ公使館に請願書を提出した後、そのまま市内の曹汝霖宅に押し寄せて

火を放ち、居合わせた章宗祥に暴行を加えるという事件を起こした。三〇名余りが逮捕されたが、学生たちはその釈放を要求して授業ボイコットを開始した。さらに六月三日に北京大学学生数百人が逮捕されると、六月五日から一二日にかけて上海でストライキが実施され、最終的には政府が曹汝霖・章宗祥・陸宗輿の罷免と逮捕された学生の釈放を決定するに至った。以上が五・四運動のあらましである。

中国共産党の指導者である毛沢東が後に書いた「新民主主義論」（一九四〇年）などでは、五・四運動はロシア革命（一九一七年）と結びつけられ、ブルジョアジーによる「旧民主主義革命」から、プロレタリアートと中国共産党（一九二一年成立）の指導する「新民主主義革命」へ、という中国近代史上の転換点・画期と位置づけられた。そのため、特に戦後の中華人民共和国や日本の中国近代史研究においては、五・四運動研究は最初から同時代の他地域の運動との関係を前提として行われることになった。この問題に関する日本の代表的な研究として小野信爾の論著が挙げられるが、そこではやはり五・四運動と三・一独立運動、ロシア革命、日本の米騒動、インドの独立運動などを結びつける視点が重視された。[*1]

ただ、このように五・四運動を専ら他のアジア地域との連帯、帝国主義一般への反対という

*1　小野信爾『五四運動在日本』汲古書院、二〇〇三年、小野信爾「三一運動と五四運動」『青春群像――辛亥革命から五四運動へ』汲古書院、二〇一二年（初出一九八二年）。

視点から評価する見方には後に反論も生まれた。少なくとも五・四運動そのものに即して見た場合、直接的にアジアの被圧迫民族などとの連帯を訴える主張が見られないこと、運動が日本に対する激しい反発を表明する一方で、（同様に中国に利権を持つ）英米などにはむしろ支援を期待する向きがあったことなどがその理由である。[*2] 後に吉澤誠一郎が指摘したように、これは当時の中国世論の大勢が、中国が第一次世界大戦の戦勝国であることを前提としていたためでもあった。[*3] 実際に、たとえば五・四運動の際の学生団体の主張には次のような内容が見られる。

青島を返還し中日密約、軍事協定およびその他の不平等条約を取り消すことは、公理であり正義である。公理に背いて強権を逞しくし、我が土地を五か国で共同管理し、我らをドイツ・オーストリアのような敗戦国と同列に置くのは、公理でなく正義でない。（「国民対於山東問題之一致奮起」『時報』一九一九年五月六日）

このため、日本の中国近代史研究の分野では、一九八〇年代に、五・四運動を反帝国主義の運動と見るか、専ら日本を対象としたナショナリズムの運動と見るかをめぐって論争が行われるに至った。

こうした研究史を前提として見ると、当時の日本における朝鮮人留学生、中国人留学生、台湾人留学生、在日朝鮮人の連帯とすれ違いの双方を指摘し、二・八独立宣言をめぐる多様なアクターそれぞれの独自性を指摘する小野報告は、反帝国主義か、それともナショナリズムか、という二分法を、具体的な事例研究によって乗り越えようとする視点と評価できる。

またこの点に関連して、同時代の中国の側から三・一独立運動がどのように見られていたのかについて、やや興味深い史料を見つけたので紹介したい。

当時の中国では、陳独秀（一八七九－一九四二）や胡適（一八九一－一九六二）といった新進の知識人たちが、雑誌『新青年』（一九一五年創刊時の誌名は『青年雑誌』）を拠点に、中国文化の刷新を訴えて知識青年や学生の支持を集めていた。特に第一次世界大戦終結直後の一九一九年には、彼らによる一種の雑誌刊行ブームが起きた（こうした動きは後に新文化運動と呼ばれた）。三・一独立運動の第一報が外電経由で中国にも伝わると、こうした雑誌はこぞってこの事件を取り上げた。ただ、特にその最初期においては、三・一独立運動の評価に、一種のかたよりが生じていたことが指摘できる。

たとえば陳独秀は三・一独立運動を次のように評していた。

＊2　中央大学人文科学研究所編『五・四運動史像の再検討』中央大学出版部、一九八六年。
＊3　吉澤誠一郎「公理と強権――民国八年の国際関係論」貴志俊彦・谷垣真理子・深町英夫編『模索する近代日中関係――対話と競存の時代』東京大学出版会、二〇〇九年。

今回の朝鮮の独立運動は、偉大で、誠実で、悲壮で、明瞭正確な理念をもち、民意を用いて武力を用いず、世界革命史の新紀元を開いた。……われわれは朝鮮が独立後も、今日の「民意を用いて武力を用いない」態度を守り、永遠に一人の兵も動員することなく、一発の弾も製造することなく、世界中の各民族の新たな結合（国とは称さない）の模範となることを願う。軍国侵略主義の苦痛を受けたものは、当然軍国侵略主義を放棄するだろう。軍国侵略主義を放棄した以上、当然軍備の必要はない。……今回朝鮮で独立運動に参加した人は、学生とキリスト教徒が最も多かった。そのためわれわれは教育普及の必要を更に強く感じ、またわれわれは以後キリスト教を軽視することはできない。しかし中国の現在の学生とキリスト教は、なぜみな死んだように沈滞しきっているのか。（隻眼「朝鮮独立運動之感想」『毎週評論』第一四号、一九一九年三月二三日）

また、当時北京大学の学生だった傅斯年（一八九六ー一九五〇）らも次のように述べている。

今回の朝鮮の独立は、表面的に見れば、力は弱く、成果はほとんどなく、時間も短かった。しかし内面の精神を見ると、実は「革命界の新紀元を開いた」と言える。なぜか？今回の朝鮮の独立には、間違いなく特殊な色彩がある。私はそれは未来の全ての革命運動に三つの重要な教訓をもたらしたと考える。第一は、非武器的革命ということである。

……第二は、「不可能であると知りつつそれを行った」革命だったことである。……第三は純粋な学生革命だったことである。（孟真「朝鮮独立運動中之新教訓」『新潮』第一巻第四号、一九一九年四月一日）

現在見るところ、彼らの独立の準備は非常に周到で、挙動は非常に文明的で、そこから朝鮮の革命が、組織的で、訓練を経たものだとわかる。……彼らは正義人道をもって武力強権を打破することを自負し、そのため武力を用いず、純粋に人民の資格で運動したのであり、まったく革命史に一つの新紀元を開いたと言える。（「朝鮮独立的消息　民族自決的思潮　也流到遠東来了！」『毎週評論』第一三号、一九一九年三月一六日）

ここから、三・一独立運動の第一報に接した当時の中国の進歩的知識人の反応について大きく三つの特徴が指摘できる。一つは、いずれにおいても最も評価されているのが、三・一独立運動の「非暴力」という点であったこと。二つ目は、運動が「純粋な学生革命だった」とされ、それが評価されるべき点だとしていることである。

これらの文章では「公理」と「強権」、「正義」と「武力」が対置され、専ら前者が正しいもの、後者が誤ったものと位置づけられている。これは、第一次世界大戦の結果を、軍事力の優劣ではなく、ドイツの「強権」（暴力）に対する（中国を含む）連合国の「公理」（正義）の勝利と見なす、当時の中国知識人の間で流行した考え方を反映していた。青年や学生こそが社会や文化の刷新の原動力であるという認識も、陳独秀らが『新青年』で主張していた考えに基づくものである。そのためこれらの議論は、三・一独立運動の実態について論じたものというよりも、彼ら自身の理念を三・一独立運動に投影したものだった。これは確かに中国知識人の朝鮮の運動に対する連帯の表明であると同時に、相互の認識のすれ違いを示す例とも言えるだろう。

三つ目の重要な点として、三・一独立運動にキリスト教が大きな役割を果たしたという情報が、非常に早い段階で中国にも伝わっていたことが挙げられる。この点は本シンポジウムの内容に大きく関わるため、以下でやや詳しく論じてみたい。

2. 近代中国の知識人の宗教観について

二・八独立宣言および三・一独立運動においてキリスト教やその他の宗教が重要な役割を果たしたという一般的な理解とは対照的に、五・四運動に関わった中国の進歩的知識人たちは総じて宗教全般に対して冷淡だった。前述の陳独秀の文章にもその傾向は見えるが、彼はこの少し前の時期に次のように述べている。

私が孔教〔当時展開されていた、キリスト教をモデルに儒教を再構成しようとする運動」を非とするのは、それが宗教だからではありません。もし宗教と言うならば、私は一切みなそれを非とします。……決して他教を宣揚するために孔教を非としているわけではありません。……宗教なるものは、それがいかに高尚な文化生活と関わろうとも、いかに社会的価値があろうとも、その根本精神は、他者へ依存する信仰であり、神意を最高命令とします。倫理道徳は自己へ依存する覚醒であり、良心を最高命令とします。（兪頌華の投書に対する陳独秀の回答、『新青年』第三巻第一号、一九一七年三月一日）

ここに現れているのは、清末に中国に伝わり、非常に大きな影響力をもった社会進化論の発想である。「サイエンスとデモクラシー」を掲げた彼ら進歩的知識人からは、宗教自体がいずれ淘汰される過去の遺物と見なされていたのである。

今回のシンポジウムの小野報告における〈手段としてのキリスト教〉という視点や、松谷基和報告における、重要だったのは教会を介した人間関係であって、キリスト教の思想ではなかった、という指摘は、同時期の朝鮮と中国のキリスト教に対する認識の違いがどこから生じたのかという問題を理解するために、非常に重要な手掛かりとなる。つまり、これらの研究によれば、この違いは、日本植民地下の朝鮮と、近代中国それぞれにおいて、キリスト教や教会が置かれた文脈が大きく異なったことから生じたものと理解できるためである。

小野報告や先行する諸研究が明らかにしているように、欧米の影響力が強いキリスト教会は、朝鮮半島においても、東京においても、日本政府の力が及びにくかったため、朝鮮の知識人たちが植民地支配に抵抗するための集会や雑誌刊行の拠点となった。実はこれは日本にいた中国人留学生たちにとっても同様だった。この時期、アメリカという後ろ盾を持つＹＭＣＡが東京の中国人留学生たちにとっても重要な活動拠点となっていたことは、最近の武藤秀太郎の研究などが強調している。[*4]

ただ、中国国内では事情が異なった。中国では一九世紀後半以降、国内で不平等条約特権を行使する教会や外国人宣教師の活動、その保護を得ようとするいわゆる「ライス・クリスチャン」の増加が、既存の秩序を奉じる人びとの間に危機感と反感を高めており、「仇教案」と呼ばれるキリスト教排斥事件がたびたび発生していた。こうした文脈の下では、キリスト教は列強の侵略そのものと同一視されがちで、他の何かに対する抵抗の拠点となる余地は少なかった。

このような文脈の違いが、二・八独立宣言および三・一独立運動と、五・四運動におけるキリスト教の位置づけの違いを生んだものと考えられる。ちなみに余談になるが、三・一独立運動が三月一日なのは、三月三日の高宗の国葬のためにソウルに集まった人びとに独立を訴えようとしたが、前日の三月二日が日曜日だったため、それを避けてさらに一日前倒ししたためである。これに対し、五・四運動が行われた五月四日は日曜日であり、それが各国公使館が学生たちの請願書を受理しない理由となった。二つの運動の相違点を示す挿話と言えるだろうか。

3. 近代中国の知識人の国際関係観・民衆観について

褒姈美報告が論じた、当時の朝鮮人留学生雑誌に見える、パリ講和会議への失望や民衆評価の変化といった問題には、やはり同時期の中国の学生や知識人の認識との間に共通性が見てとれる。一九一九年から一九二〇年代初頭の中国知識人の国際関係観・民衆観について、評者はかつて論文にまとめたことがあるため[*5]、その内容を簡単に紹介して比較の材料に供したい。

そもそも、伝統社会の「野蛮」さを批判し、西洋近代に倣った「文明」化を目指したこの時期の中国の進歩的知識人たちにとって、民衆に対する評価は総じて非常に低いものだった。たとえばさきに名前を挙げた北京大学学生の傅斯年は次のように述べている。

中国の一般の社会は、社会の実質をほとんど持っていない。大多数の社会は、群衆に過ぎない。名実あい伴った社会――能力を有する社会、有機体の社会――であれば、必ず緻

*4　武藤秀太郎『「抗日」中国の起源――五四運動と日本』筑摩書房、二〇一九年、一二四‐一二九頁。
*5　小野寺史郎「第一次世界大戦期の中国知識人と「愛国」の群衆心理――陳独秀を中心に」『メトロポリタン史学』第一四号、二〇一八年一二月。

密な組織と健全な活動力をもつ。単なるばらばらの砂であれば、「烏合の衆」としか呼べない。（孟真「社会――群衆」『新潮』第一巻第二号、一九一九年二月一日）

さきに見た彼らの三・一独立運動の評価に「準備は非常に周到」「挙動は非常に文明的」「組織的で、訓練を経たもの」といった内容があったのは、中国社会に対する彼らの否定的な評価の裏返しと言える。

また第一次世界大戦直後には、アメリカ大統領ウィルソンがいわゆる「十四か条演説」で示した「民族自決」の考えに対する過度の期待から、前述のように連合国の勝利によって国際社会にも「公理」が実現されるという楽観的な見方が中国知識人の間に広がっていた。パリ講和会議でこうした期待が裏切られたとの思いから起きたのが五・四運動である。

五・四運動は中国知識人の国際関係観・民衆観にさまざまな変化を及ぼした。陳独秀も民衆に対する否定的な見方を改め、下からの自発的な運動に中国社会の変革の希望を見出すようになる。

根本的な救済方法は、ただ「平民が政府を征服する」ことしかない。多数の平民――学界、商会、農民団体、労働者団体――が強力を行使して民主政治の精神を発揮し、……多数の平民の命令をかの少数の政府当局者や国会議員に頭を下げさせて聞かせるのである。（隻眼「山東問

題与国民覚悟」『毎週評論』第二三号、一九一九年五月二六日）

ただ、五・四運動に参加した学生たちがなおアメリカに期待をかけていたことからもわかるように、これによって彼らの国際関係観・民衆観が全く変化したわけではなかった。特に一九一九年末になり、運動の長期化に伴って、デモやボイコットという手法が行き詰まりを見せると、中国社会の抱えるさまざまな問題を解決するには、一時的な運動ではなく、上からの長期的な社会改良が重要と見なされるようになる。

五・四運動は今後の大きな平民運動の最初の一歩である。しかしこの一筋の光明も容易に雲散霧消してしまう。念入りに「社会性」を養成しなければ――つまり責任心を習慣としてしまわなければ――おそらく果実はやはり熟す前に落ちてしまうだろう。……だから私が思うに中国人の覚醒はまだ容易だが、その覚醒を持続させ、発展させるのは非常に難しい。（孟真「中国狗和中国人」『新青年』第六巻第六号、一九一九年一一月一日）

訪中したジョン・デューイやバートランド・ラッセルのプラグマティズムやリベラリズムが中国の知識人や学生の関心を集めたのがこの頃である。そのためこの時期には、青年知識人や学生が自ら工場や農村に入って行き、働きながら労働者や農民を教育するという「工読互助団」や「新村運動」といった試みが実際に行われた。しかしこうした漸進的な社会改良の試みは、さまざまな原因により、いずれも短期間のうちに失敗に終わった。そしてそれに替わって影響力を拡大していったのがボリシェヴィズムである。一九二〇年に入ると『新青年』はマルクス主義を積極的に紹介しはじめ、一九二一年に陳独秀らが中国共産党を結成すると、『新青年』はその機関誌となった。ソ連・コミンテルンの強い影響の下、英米式のリベラリズムは完全に否定すべきものとされ、前衛党による上からの民衆に対する指導が中国を救う唯一の方法として明確に掲げられるようになった。

我々は何より深く群衆心理を理解し、それをうまく利用できなければならない。群衆は一種の力であり、我々は力を利用する人である。群衆は熱烈だが、我々は冷静でなければならない。群衆は単純だが、我々は周到でなければならない。（惲代英「為少年中国学会同人進一解」『少年中国』第三巻第一一期、一九二二年六月一日）

以上のような国際関係観・民衆観の展開は、大正デモクラシーから昭和初期のマルクス主義の流行へ、という同時代の日本の知識人界の動向とも共通点が多い。朝鮮や台湾からの留学生も同様の影響を受けていたことが予想されるが、この点については今後議論を深めていくことができればと考えている。

おわりに

最後に、今回のシンポジウムで個人的に一つの小さな、しかし新たな発見があったことを記して、まとめに代えたい。それは、紀報告の取り上げた朝鮮人留学生の雑誌『亜細亜公論』（一九二二年五月創刊）の表紙の図（一一五頁を参照）についてである。地球を背景に握り合う手を描いたこの図は、「人類主義」を掲げる同誌の表紙にふさわしいものだが、実はこれには元ネタがある。この文章でも何度も触れた中国の雑誌『新青年』の第八巻第一号（一九二〇年九月）以降の表紙が、そっくりの図を用いているのである（図1）。さらに、石川禎浩の研究によれば、この図のデザインは一九一〇年代に活動したアメリカ社会党（Socialist Party of America）のシンボルマークをそのままコピーしたものであった（図2）。[*6]『亜細亜公論』という題名にもかかわらず、よく見ると大西洋が背景となっているのはそのためである。これは、朝鮮人留学生たちが『亜細亜公論』の創刊に際して、当時の中国で影響力があった雑誌であり、東京の中国人留学生界にも流通していた『新青年』を参考にしたことを示している。また面白いのは、その際に単にコピーしたのではなく、大元のアメリカ社会党のマークでは、ごつごつ

＊6　石川禎浩『中国共産党成立史』岩波書店、二〇〇一年、七〇－七五頁。

図1

図2

した腕まくりの手ががっしりと握り合い、ヨーロッパとアメリカの労働者の団結を表しているのに対し、『亜細亜公論』の表紙では、背広か学生服の手が控えめに握り合うという、明らかに知識人や学生、つまり本誌の発行者たち自身を反映したものに改変されていることである。これもまた、山室信一の言葉を借りるならば、欧米から中国へ、中国から日本を介して朝鮮へ、という一種の「思想連鎖」を示す興味深い事例と呼べるだろうか。[*7]

参考文献

小野容照『朝鮮独立運動と東アジア 1910－1925』思文閣出版、二〇一三年。

小野寺史郎「中国ナショナリズムと第一次世界大戦」山室信一・岡田暁生・小関隆・藤原辰史編『現代の起点 第一次世界大戦1――世界戦争』岩波書店、二〇一四年。

長堀祐造・小川利康・小野寺史郎・竹元規人編訳『陳独秀文集1――初期思想・文化言語論集』平凡社、二〇一六年。

＊7 山室信一『思想課題としてのアジア――基軸・連鎖・投企』岩波書店、二〇〇一年。

第六章　三・一独立運動の残響——在日朝鮮人史の視座から

鄭栄桓（チョンヨンファン）

1．はじめに——三・一独立運動の残響に耳をすます

崔さんは当時まだ子供であったから親につれられて大邱の公園に行ったが、そこで小高いところにある亭子の前に白衣を着たあふれるほどの民衆が集まっていたこと、人々は国王の死を悼んで泣いていたことなどを漠然と覚えているが、この大衆が次の瞬間には怒れる集団となって独立万歳を叫びながら示威行動に移ったと聞いているのに自分にはその記憶がたどれないと崔さんはいうのである。[*1]

*1　石母田正『歴史と民族の発見　歴史学の方法と課題』（東京大学出版会、一九五二年）二六九頁。

これは、歴史学者・石母田正が一九五二年に刊行した史論集『歴史と民族の発見』におさめられたエッセイ「堅氷をわるもの」の一節である。同書は続篇とあわせて「異例ともいうべき多くの読者を集め、とくに学生や若い研究者は熟読した」[*2]といわれ、なかでもこのエッセイはよく知られている。だが数ある本書の紹介のなかで、引用した箇所に登場する「崔さん」に言及したものは管見の限りは確認できない。

そもそもこの小文「堅氷をわるもの」は、冒頭に中野重治の詩「雨の降る品川駅」末尾の一節――「君らは出発する／君らは去る／さようなら　辛／さようなら　金／さようなら　李／さようなら　女の李／行ってあのかたい　厚い　なめらかな氷をたたきわれ／ながく堰かれていた水をしてほとばしらしめよ」――を引き、石母田自身の「親切にしてもらった何人かの辛や金や李や女の李」、すなわち彼の朝鮮人の友人を回顧するところからはじまる。「崔さん」はその一人である。そして「堅氷」とは、中野のいう「あのかたい　厚い　なめらかな氷」を指し、これを「わるもの」として朝鮮人の経験に学ぼうとするのが石母田の趣旨であるから、「崔さん」の経験はこの小文の核心をなすといってもよいはずである。だが「崔さん」は「残念ながら石母田の思想形成の背景をなした一人の朝鮮人以上の役割を認められていないのである。

筆者に与えられた課題は、シンポジウム「東アジアにおける二・八独立宣言の意義」の各報告に対し、在日朝鮮人の歴史を学ぶ者の立場からコメントすることにある。後述するように、石母田が「崔さん」に三・一独立運動の話を聞いたのは一九四八年であった。つまり、「崔さん」は朝鮮解放後も日本に生きることになった在日朝鮮人であった。そして、少なくない朝鮮人たちにとって、一九一九年の「三・一」は歴史ではなく体験であり、そのときの人びとの哀悼や慟哭、あるいは喊声は三十年近くを経たのちも「残響」としてこだましていたのではないだろうか。ゆえに、在日朝鮮人と「三・一」「二・八」の関係を考察するためには、まず解放直後の人びとの記憶のなかにこだました、その残響に耳を傾ける必要がある。本稿は、筆者のこうした仮説にもとづく、一在日朝鮮人史研究者としてのコメントである。

2. 解放後の在日朝鮮人にとっての「二・八」「三・一」

(1)「三・一」とは何であったか、を問い続けた歴史

私は世界的大運動に重要な役割を演じているような気持ちで、至福千年がついに来たのだと思いこんでいた。二、三週間後に伝わってきたヴェルサイユの裏切りのショックは大変なもので、私などまるで心臓が裂けてとび出すかと思った。言葉を信じたわれわれ朝鮮

＊2　遠山茂樹「解説」『石母田正著作集』第一四巻（岩波書店、一九八九年）四一一頁。

人はなんと純真な感激屋だったことか！[*3]

平壌で学生として三・一独立運動に参加したキム・サン（張志楽）はのちに『アリランの歌』のなかでこう回顧している。「ヴェルサイユの裏切り」とは、第一次世界大戦の講和条約であるヴェルサイユ条約において、朝鮮の独立が認められなかったことを指す。第一次大戦の戦後処理にあたり、朝鮮民族の少なくない有力者たちは、米国のウィルソン大統領の「十四ヵ条の平和原則」が民族自決をうたったことに力を得て、朝鮮の独立もまた実現されうると信じた。三・一独立運動はかかる国際的条件を視野に計画されたものであったがゆえに、戦後処理の過程で自決を認められた領域が東欧やバルカン半島などの一部地域にとどまったことを、キム・サンは民族自決の理念への「裏切り」と受け取ったのである。以後、彼は大国に依拠する独立運動ではなく、帝国主義的な世界秩序の変革のための民族解放運動を遂行していくことになる。

三・一独立運動は、キム・サンの例からもわかるように、多くの朝鮮独立運動家に「教訓」を残した。朝鮮独立運動の過程で「三・一」とは何であったか、は繰り返し問われ続けたのである。まずはその議論の歴史をふりかえることにしよう。

朝鮮独立運動の「三・一」論は一様ではなかった。韓国の朝鮮近代史研究者・池秀傑（チスゴル）は植民地期から解放直後にかけての「三・一」論を大きく三つの系譜に整理する。[*4]第一は朝鮮共産党に結集した社会主義者の見解である。かれらは「三・一」をブルジョワジーから労働者・農民へと主導権の移る民族解放運動の分水嶺とみなした。そして、民族代表が土地問題を運動の解決課題として設定しなかった限界を有し、かつ闘争においても妥協的であった。一方で、労働者・農民は戦闘的であったが、未組織であり戦術が不在であったため三・一運動は失敗したとする。ゆえに、労働者・農民による戦闘的な前衛党に導かれた土地革命が必要である、との「教訓」を導き出した。[*5] そして解放後は引き続き外勢依存型の運動の限界を指摘し、米国や帝国主義との非妥協的な闘争の必要性を説き、朝鮮民主主義人民共和国へ結集していく。[*6]

第二は、大韓民国臨時政府や非妥協的民族主義者の見解である。かれらは「三・一」を民族

---

*3 ニム・ウェールズ、キム・サン著、松平いを子訳『アリランの歌――ある朝鮮人革命家の生涯』（岩波文庫、一九八七年）七五頁。

*4 지수걸「총론 3・1운동의 역사적 의의와 오늘의 교훈」、한국역사연구회 역사문제연구소편『3・1민족해방운동연구』청년사、一九八九年14쪽。なお、朝鮮独立運動の三・一独立運動評価については、지수걸「3・1운동과 국내 공산주의 계열의 민족해방운동 일제시기 조선인 공산주의자의、역사 만들기」『한국독립운동사연구』13、독립기념관 한국독립운동사연구소 一九九九年、공임순「3・1운동의 역사적 기억과 배반、그리고 계승을 둘러싼 이념정치 31운동의 보편（주의）적 지평과 과소／과잉의 대표성」『한국근대문학연구』二四、한국근대문학회もあわせて参照されたい。

*5 지수걸「총론 3・1운동의 역사적 의의와 오늘의 교훈」14－16쪽。

*6 지수걸、同右論文、21－22쪽。

の大同団結を示した非妥協的闘争とみなし、独立の意思と愛国心を世界に示した運動の結果、民主共和政体（＝大韓民国臨時政府）を樹立し、総督府に言論・集会・結社の自由を部分的に認めさせたと評価した。[*7] 解放後の大韓民国の前史として肯定的に位置づける評価といえるだろう。

第三は、民族改良論者の見解である。かれらは「三・一」を充分な準備と実力のないなかで行われた独立運動とみなし、文化的実力養成運動の必要性という「教訓」を導き出した。[*8] また、李光洙（イグァンス）をはじめこの人びとの一部は総督政治に協力する「親日派」へと転向することになった。

以上からわかるように、「三・一」という過去の運動の評価は朝鮮独立運動においては、いかなる社会を建設するかという未来の解放のイメージと密接に結びついていた。解放後は朝鮮半島の南北分断にともなう「統一」の実現という現実の課題も加わり、「三・一」を問い続ける歴史はさらなる熱を帯びることになった。

（2）解放直後の在日朝鮮人にとっての「二・八」「三・一」

「三・一」はこれまでみたとおり、朝鮮独立運動のなかで常に振り返られる対象であった。それでは「二・八」はどうであったか。一九二〇年代から解放直後にかけての在日朝鮮人にとって「三・一」は常に想起される重要な記念日であったが、それに比べると「二・八」の存在感は薄い。もちろん「二・八」がまったく無視されたわけではない。たとえば、解放後に結成された在日朝鮮人の大学生の団体である在日本朝鮮学生同盟（朝学同）の関東本部機関紙『学同ニュース』は一九四九年、次のように記している。[*9]

三十年前の在日朝鮮学生は三一運動の主動力の一つであった。われわれもまた決してこの光栄ある先輩の運動に劣らぬ仕事を持っている。われわれ朝鮮学生は常に祖国の運命と共にして来た。〔…〕祖国は再びわれわれを呼んでいる。三一運動の過去を忘れぬわれわれ学生を。南朝鮮の学生は敢然起って銃をとっている。「李承晩カイライ政権の打倒！」と。

朝鮮民主主義人民共和国を支持し、李承晩政権に反対する学生の立場から、東京留学生を三・一独立運動の「主動力」として高く評価している。前述の朝鮮共産党系の「三・一」論の系譜に位置づけられるといえるだろう。しかしながらこの論説には二・八宣言への具体的言及はない。

その理由として、「二・八」を主導した学生たちと、一九二〇年代に高揚期を迎える在日朝

＊7　지수걸、同右論文、一六－一八頁。
＊8　지수걸、同右論文、一八－一九頁。
＊9　「主張　三一革命と学同国旗事件」『学同ニュース』在日朝鮮学生同盟関東本部、一九四九年三月五日付。

鮮人運動の担い手となった人びとには連続よりもむしろ断絶が目立つことがあげられる。「朝鮮青年独立団」の一員として名をつらねた崔八鏞（チェパルヨン）は、逮捕・収監されたのち朝鮮へ帰され、後遺症のため一九二二年に死亡した。宋継白（ソンゲベク）はさらに早い一九二〇年に獄死した。生き延びた者たちも、李光洙や金尚徳（キムサンドク）が上海へと向かい、その後朝鮮へと戻ったように、あるいは金度演（キムドヨン）がアメリカへ渡り同じく朝鮮に帰ったように、活動の舞台としたのは故国の地であった。白寛洙（ベクグァンス）や徐椿（ソチュン）のように日本に残った者もいたが、大学卒業後は朝鮮に帰っている。在日朝鮮人運動というよりも日本における朝鮮独立運動としての性格が濃厚だったといえるだろう。

宣言文の内容をみても二・八宣言には在日朝鮮人への直接の言及はなく、あくまで「元来人口過剰ナル朝鮮ニ無制限ニ移民ヲ奨励シ補助シ土著ノ吾族ヲシテ海外ニ流離スルヲ免レサラシメ」たと批判するにとどまる。[*10]この点、同時期に廉想渉（ヨンサンソプ）らが「在大阪韓国労働者一同」の名で起草した檄文が「大阪ニ住居スル我カ同胞計リ区々タル明日ノ生計ヲ念慮シ晏然拱手傍観スルハ韓半島民族ノ一大羞恥ナリ」と、大阪における朝鮮人の厳しい生活への言及があるのとは対照的であり、小野報告の指摘するとおり、廉想渉らの実践には「日本における朝鮮独立運動から在日朝鮮人の運動への小さな変化」と評価できよう。[*11]

だが、「二・八」に在日朝鮮人運動への連続面を見出すことは容易ではない。

実際、在日朝鮮人の諸団体が「二・八」を記念する行事を開催することは稀であった。在日朝鮮人を主体とする民族解放運動は、一九二〇年代にはいると高揚期を迎えた。数多くの思想団体、労働組合がうまれ、その思想傾向も共産主義、無政府主義、民族主義と多岐にわたったが、三・一独立運動はいずれの団体にとっても常に想起すべき、朝鮮民族解放運動の重要な「記念日」とみなされた。[*12] そして戦時体制をくぐりぬけて、一九四五年の解放を迎えた後に結成された在日本朝鮮人連盟（以下、朝連）をはじめとする民族団体もまた、三月一日を記念する式典を毎年開催した。だが「二・八」を記念する試みは管見のかぎり確認できない。もちろん、「二・八」を宣言署名者たちの運動へと閉じ込めてしまってはならず、YMCAの空間を共有した人びとが、その経験を日本における諸活動のなかで深化させていった痕跡を探索することは重要な研究課題であるが、同時に以上の理由から「二・八」を直接に在日朝鮮人史と結びつけることの困難さも指摘しておかねばならない。

解放後を生きた在日朝鮮人たちにとって、それでは、一九一九年に起きた一連の出来事は自らとは断絶した、遠い昔の「歴史」だったのだろうか。筆者はこのような把握もまた一面的であると考える。次に解放直後の在日朝鮮人たちの「三・一」をめぐる語りに耳を傾けてみよう。

＊10 拙稿「在日朝鮮人の形成と「関東大虐殺」」趙景達編『植民地朝鮮——その現実と解放への道』（東京堂出版、二〇一一年）一〇二頁。

＊11 本書所収の小野論文を参照されたい。

＊12 배영미「도쿄지역 재일조선인의 3・1운동 기념일 투쟁의 양상과 특징：1920년대~1940년대」『한국독립운동사연구』五九，독립기념관 한국독립운동사연구소，二〇一七년.

3．経験としての三・一独立運動

（1）金斗鎔と尹槿の「三・一」経験

三・一独立運動から二八年がたった一九四七年二月、在日朝鮮人発行の『解放新聞』に掲載された回顧談で金斗鎔（キムドゥヨン）は「三・一」を次のように振り返った。[*13]

わたしはそのとき十七歳であったが、官憲の奴らは三一革命の計画を事前に知っていたのか、初日には朝から咸興市内にすべて非常警備線を張り、軍隊は市内で狂犬の群れのように歩き回り示威をしていた。しかしわが同胞たちは、やることはすべてやった。屋上に人があがり独立宣言を読み、その下に集まった数多くの人びとが万歳を叫んでいた。このとき押し寄せた警官の奴らは、あらゆるあくどい方法で群衆を解散させようとしてムチで殴り、靴底で蹴っていたが、わたしたちは路地のすみへと追い込まれながら、追いかけてくる警官の奴らを側溝においこみ死ぬほど殴りもした。

金斗鎔は一九〇三年に咸鏡南道で生まれ、錦城中学、旧制三高をへて東京帝国大学に入学し、その後はプロレタリア芸術運動に加わった批評家・戯曲家である。そして、在日朝鮮人の労働運動、共産主義運動に深く関わった活動家・理論家でもあった。いくどかの逮捕・収監を経験するなかで解放を迎え、その後は政治犯釈放運動を主導し日本共産党朝鮮人部で精力的に活動し、回顧談が掲載された当時は、『解放新聞』の主筆も務めていた。[*14]

金斗鎔は続けて、自らの経験した咸興の三・一独立運動のすがた、そしてそれがいかに弾圧されたかを熱をこめて回顧している。警官に追われた青年たちは成川の川辺へと向かい、埋めて隠しておいた太極旗を掲げて万歳を叫びながら市内へと向かったという。身を刺す寒さにもかかわらずパンツ一丁で駆け回る者もいた。ところが萬歳橋につくと待ち構えた憲兵や軍隊が銃剣をかまえ、「犬を捕まえるように私たちを殺し、刺し」、そして、人びとは逃げていった。「本当に、いま考えても寒気がする」とこの回顧談を金斗鎔は結んでいる。

『解放新聞』の同じ号には、朝連中央総本部委員長・尹槿(ユングン)の「三・一」経験についての追憶も掲載されている。尹槿の出身地は咸鏡南道永興であった。生年は一八八九年である。郷里で小学校教員をしていたが、「搾取社会の桎梏にたえかね」て中国の間島やロシアのウラジオストクへ渡り『韓人新報』記者として活動した。叔父の尹海(ユンヘ)が「パリ講和会議往来の志士」たち

*13 「萬歳橋のうえで大虐殺を敢行　金斗鎔氏談」『解放新聞』一九四七年二月二〇日付。
*14 金斗鎔については、拙稿「金斗鎔と『プロレタリア国際主義』」『在日朝鮮人史研究』第三三号、二〇〇三年を参照。

と交友関係があった縁だという。[15]

そして尹槿は一九一九年を、中国北間島の龍井（現・中華人民共和国延辺朝鮮族自治州龍井市）で迎える。[16] 二月中旬に勤めていた明東学校――詩人・尹東柱（ユンドンジュン）の父・永錫（ヨンソク）が教員を務め、彼自身も一九二五年に入学した学校である――に三・一運動の計画が伝わったという。運動はこの学校を中心に計画され、三月一日には約五千名の朝鮮人たちが市内でデモ行進をし万歳を叫んだ。日本軍は「清国（ママ）側の援兵」をえて数百名の軍隊で民衆に発砲、約二十名が犠牲となり百名あまりが負傷した。尹槿みずからは同志らと身を避けて長春をへてロシアにいたり、「新補村」（ウラジオストクの新韓村のことか？）という「朝鮮独立党の根拠地」に到着した。そしてここで「新しい使命を任せられて」同志らと三月六日にソウルへと戻ってきた、という。尹槿はその後、東京へと渡り東京・神田のYMCAの総務として活動するようになる。

尹槿のこうした「三・一」経験が、解放後の活動にいかなる影響を与えたかはこれ以上はわからないが、ヒントとなる出来事がないわけではない。朝連は一九四七年、千葉県船橋市の「関東大震災犠牲同胞慰霊碑」（以下、慰霊碑）を建立したが、その前面には、「西暦一千九百四十七年三・一革命記念日竣成」の文字が刻まれている。[17] そして、裏面には尹槿による碑文が刻まれており、日本の軍閥官僚が「社会主義者とわが同胞を虐殺せしめた」ことを強く批判している。「碑文に虐殺主体を明記した唯一の追悼碑」と高く評価されるゆえんである。[18]

慰霊碑は震災・虐殺の日である「九・一」ではなく、なぜ「三・一革命記念日竣成」でなければならなかったのか。尹槿の個人的経験がどこまで反映されたかはもはや知るよしもないが、その碑文をみると「犠牲同胞の怨恨は実に千秋不滅」としながらそれにとどまるのではなく、「しかし解放されたわれわれは、世界民主勢力と提携し海内海外の国粋的軍国主義の反動残滓勢力を撲滅し、真正な民主朝鮮を建設し、世界平和を維持することで、宿怨を雪辱するよう積極闘争することを明誓しつつ、犠牲諸霊を慰労する為にここに小碑を建立する」と結ばれている。つまり、慰霊に加えて、民主朝鮮建設と世界平和維持のための「闘争」に力点を置いており、だからこそ「犠牲」の日である「九・一」ではなく、「闘争」の原点たる「三・一」が選ばれたのではないだろうか。「三・一」を、民族解放闘争の発展のための闘争の原点とみなそ

---

*15 以上の経歴については、金如水「尹槿」『青年会議』第四号、一九四九年三月、五四頁(朴慶植編『在日朝鮮人関係資料集成〈戦後篇〉』第九巻、不二出版、二〇〇一年所収)一一五頁。

*16 「銃剣の前で独立萬歳を絶叫　尹槿氏追憶談」『解放新聞』一九四七年二月二〇日付。

*17 「関東大震災犠牲同胞慰霊碑」については拙稿「解放直後の在日朝鮮人運動と「関東大虐殺」問題——震災追悼行事の検討を中心に」関東大震災九〇周年記念行事実行委員会編『関東大震災　記憶の継承——歴史・地域・運動から現在を問う』(日本経済評論社、二〇一四年)を参照。なおこの論文では、慰霊碑の除幕式の日付につき、複数箇所で「二月二三日」と誤って記した箇所がある(前掲拙稿、一二三－一二四頁)。これは筆者の不注意による誤記であり、正しくは「四月二三日」である。この場を借りてお詫びして訂正したい。

*18 山田昭次『関東大震災時の朝鮮人虐殺』(創史社、二〇〇三年)三六頁。なお、碑文は同書二四四－二四五頁を参照。

うとする当時の在日朝鮮人運動の志向性をよく示してもいる。

これらのエピソードは、解放後を生きた在日朝鮮人たちにとって「三・一」とは何であったかを考える際の緒を提供してくれる。すなわちこの人びとにとって、三・一独立運動は歴史であると同時に、ひとつの経験であった、という事実である。内務省の統計によれば、一九一九年現在の在日朝鮮人数は二万六六〇五名であり、解放後と同程度の六〇万人の水準までその数が達するのは一九三五年であった[19]。つまり、解放後を生きた在日朝鮮人の多くは一九一九年当時、朝鮮で「三・一」を経験したのである。逆に、「二・八」の経験者たちの多くは前述のとおり、その後、朝鮮や中国へとわたり独立運動に関わった。これは韓国において独立運動の導火線として「二・八」が記憶され、解放直後の在日朝鮮人が主として「三・一」を記念するという「記憶の交差」が生まれた一つの背景と考えられる。

(2) 石母田正「堅氷をわるもの」と崔聖寛

経験としての「三・一」の痕跡をさらに拾い集めてみよう。冒頭で紹介した石母田正「堅氷をわるもの」は、はじめは『歴史評論』第三巻第五号(一九四八年六月)に「堅氷をわるもの――朝鮮独立運動史万才事件の話」として寄稿されたエッセイであり、副題にあるとおり、その主題は三・一独立運動である。

石母田はなぜこの文を書いたのか。その問題意識は次の箇所に端的に示されている[20]。

われわれの過去の一切の頽廃は、この朝鮮民族の圧迫とぬきさしのならない深い関連をもっておるばかりでなく、戦争中比類のないほど民族的意識が強いと思われながら、一度敗戦してからはそれが全くの奴隷と乞食の根性に転化していったあの特徴的な変化によく見られるような特殊な「民族意識」の構造も明治以降の他民族圧迫と関連している。民衆の心のなかにも深く喰い込んでいるこの頽廃の遺産を克服するためには朝鮮の日本からの解放は単に端緒をなすにすぎない。この問題は、政治的な解放のあとに長期にわたる精神的課題としてわれわれにのこされているのであって、その重大な意味を知るならば、日本の近代史のこの暗黒の側面にたいするわれわれの無知と無関心は重大なことである。われわれは余りに自分の身についているために自分たちのこの黒い影に気がつかないでいるのでなかろうか。

すなわち、戦時中の優越意識から敗戦後の「奴隷と乞食」の意識へただちに転化した、日本の「民族意識」の特殊なあり方を、日本の他民族への圧迫との関連から見直そうというのであ

＊19　森田芳夫『数字が語る在日韓国・朝鮮人の歴史』（明石書店、一九九六年）七一頁。
＊20　同右書、二五九頁。

る。そのために朝鮮民族の解放闘争、とりわけ三・一独立運動の背景にある民族意識を知ろうとしたのである。

そして、石母田がこの小文を記すにあたり、三・一独立運動の文書資料ではなく、「三一記念日のすぐ後、友人の崔聖寛さんとしばらくぶりに朝鮮のことについて夜を徹して話し合った」「三一独立運動のあらましと崔さんの年少の時経験したこと」に依拠した。[*21] これがはじめに言及した「崔さん」である。つまり、一九四八年三月に「友人の崔聖寛さん」から聞いた「三・一」経験をまとめ、さらに自身の考察を加えたものがこの「堅氷をわるもの」なのである。

崔聖寛(チェソングァン)とは誰か。解放前の経歴は明らかではないが、史料からは、一九四六年から四八年まで「三一政治学院」の教務主任(史料によっては「学監」ともある)を務めていたことがわかる。[*22]

三一政治学院とは、一九四六年三月一五日、「新朝鮮建設の礎石となる熱誠を持った青年を、マルクス・レーニン主義のコースで啓蒙訓練しようとする」目的で開校した青年を対象とした政治教育機関であり、日本共産党の朝鮮人党員教育のための学校であった。[*23] はじめ荒川にて開校し、その後、神田YMCA、東京都大井関原町の朝連品川支部へと移転し、最終的には渋谷区富ヶ谷町へと落ち着いた。学院長は日本共産党中央委員候補の朴恩哲である。崔聖寛は朴学院長のもとで教務主任として学院運営の実務を担ったものと思われる。

また、崔聖寛は自身も『解放新聞』に「ソ連の労働者と労働組合」と題する論説を寄稿し、

「労働者の祖国」たるソ連の現状を高く評価し、こうした労働者の幸福な生活は労働者と農民が帝政と闘い民主主義革命、さらには社会主義革命を成功させた結果、勝ち取られたものであることを強調している。[*24] 石母田は、マルクス主義者であり、おそらく日本共産党員であった崔と同志的な関係にあったものと推測できる。

崔聖寛は自らの体験に先立ち、三・一独立運動史の概要を石母田に語った。このうち「二・八」については次のようにまとめられている。[*25]

この動き〔三・一独立運動の準備〕はまず上海と東京の二つの都市からはじまったようである。講和会議に中国も参加させるためにクレイン公使が上海に派遣されたのを機会に、呂運享(ママ)…（中略）…を中心とする在上海の朝鮮亡命家たちは朝鮮の参加をも希望した。…（中略）…しかしこの時すでに東京において独立の烽火があげられていた。在東京の留学生は

＊21 同右書、二五九－二六〇頁。
＊22 「三一政治学院卒業式」『民衆新聞』一九四六年六月一五日付。
＊23 三一政治学院については、拙著『朝鮮独立への隘路　在日朝鮮人の解放五年史』（法政大学出版局、二〇一三年）一四四－一四六頁を参照。
＊24 崔聖寛「ソ連の労働者と労働組合」『解放新聞』一九四六年一一月二〇日付。
＊25 前掲『歴史と民族の発見』二六〇頁。

神田のキリスト教青年会館で独立宣言を行い、宣言書を日本政府、各国大公使館に手交したといわれるが、その時の宣言文や決議の類は現在のこされていない（傍点引用者）。

短いながらも当時すでに「二・八」が独立運動の「烽火」として捉えられていたことがうかがえる。さらに興味深いのは、宣言文が「現在のこされていない」とされていることである。一九四八年当時、事件としての「二・八」は知られていても、在日朝鮮人たちは宣言文の内容を知り得ない立場にいたようである。「二・八」に特化した記念行事が催されなかった理由のひとつには、経験者が日本にいないなか、事実関係を探りうる史料である宣言文などを入手しえないため、その全体像がわからなかったこともあったと思われる。

一方、崔聖寛自身の「三・一」経験はどうだったか。本稿の冒頭の引用にもあるように、崔は親につれられて大邱の公園に行き、白衣を着た人びとがあふれていたこと、その人びとが国王の死を悼んでいたことは記憶していた。だが「この大衆が次の瞬間には怒れる集団となって独立万歳を叫びながら示威行動に移った」という話については記憶がないと語っている。[*26]

崔聖寛の記憶は金斗鎔に比べるといくぶん曖昧である。石母田によって整理された崔の三・一運動論は、前述の通り国内外における運動の準備過程にはじまり、当時の世界史の動向にも及び、崔が友である石母田に熱弁をふるったさまを想像できるが、他方で自身の大邱での経験はおそらく金斗鎔よりも年少であったがゆえに、「闘争」としての記憶はなく、高宗を追悼する人びとの姿のみが脳裏に焼き付いているようだ。こうした崔の語りに対し、石母田は「年輩の人びとにこの時朝鮮の町々で起った色んな挿話や事件を計画的にあつめておく必要を説くとともに、私からも子供のときの米騒動の記憶を話した」という。[*27]

石母田は、こうした崔聖寛との対話を通じて「朝鮮民衆が立ち上るためには立ち上れるだけの、圧制によって腐朽されつくされなかっただけの民族の魂[*28]」、すなわち「堅氷をわるもの」がいかに継承されてきたかを学ぼうとした。石母田はもちろん民衆がつねに抵抗してきたなどという単純な捉え方をしているわけではなく、不屈の闘争の一方で「絶望と懐疑から来る頽廃の側面」を視野におさめている。[*29] だからこそ石母田は崔が「アリランやタロジ〔トラジを指すと思われる〕の歌謡を終戦後は自身でも歌わず、歌わないように広くすすめている」事実に触れている。崔の三・一運動論はむしろその後の学習のなかで理論化・言語化したものであろうが、石母田のかかる問題意識があるからこそ、崔自身が三・一運動の経験から、民衆の「不屈」と「頽廃」をいかに捉えようとしたかが垣間見えて興味深い。

＊26　同右書、二六八―二六九頁。
＊27　同右書、二六九頁。
＊28　同右書、二六九頁。
＊29　同右書、二七二頁。

4. 解放後におけるアジア連帯の経験

本シンポジウムのねらいは、そのタイトルにもあるように、二・八独立宣言の意義を「東アジア」という空間のなかに位置づけなおすところにあった。すなわち、二・八独立宣言を同時代の「東京留学生たちの民族を越えた連帯」(シンポジウム案内文)の試みとして把握することにより、通時的な朝鮮独立運動史の文脈、すなわち三・一独立運動の「導火線」としてのみ意義付与されがちな二・八独立宣言の独自性を浮き彫りにする試みである。

本稿でみた石母田正と崔聖寛との友情にもみられるように、一九二〇年代以来の伝統を継承して、解放前後の在日朝鮮人運動は日本の革新運動、特に日本共産党と連帯の関係を築いてきた。一方で、小野報告の明らかにしたような中国や台湾との関係を含めた、アジアとのつながりもまた、解放後に断絶したわけではない。最後に、本シンポジウムの企画意図を今後さらに広げるためにも、在日朝鮮人の他のアジア系諸民族との連帯を示す取り組みたる一九四七年の「在日汎アジア民族会議」の経験について触れておきたい。

「在日汎アジア民族会議」は、一九四七年三月二三日から四月二日にインド・ニューデリーにて開催された「アジア関係会議」に呼応して開催されたものである。アジア関係会議の開催経緯は次の通りである。[*30] 第二次世界大戦末期の一九四五年四月からサンフランシスコで開催された「国際機構に関する連合国会議」に参加したアジア諸国の代表より、インド代表団長ヴィジャヤラクシュミ・パンディット（ネルーの妹）に何らかの会議招集の呼びかけがなされた。ネルーはこれを受けてパン・アジアの理念を積極的にとらえて会議開催に動きだす。具体的には一九四六年四月にインド世界問題協会（Indian Council of World Affairs, ICWA）に会議計画策定が委託され、八月にはアジア関係会議開催のための組織委員会が結成、一九四七年三月にニューデリーのプラナ・キラを会場として開催が実現した。

アジア関係会議に参加したのは二八ヵ国（アフガニスタン、ブータン、ビルマ、カンボジア・コーチシナ・ラオス、セイロン、中国、エジプト、インド、インドネシア、イラン、朝鮮、マラヤ、モンゴル、ネパール、フィリピン、シャム、チベット、トルコ、ベトナム、ソ連の中央アジア八共和国〔アルメニア、アゼルバイジャン、グルジア、カザフスタン、キルギス、タジク、トルクメン、ウズベク〕及びパレスチナのユダヤ人代表）と国連、アラブ連盟、シドニー、モスクワ、ロンドン、ニューヨークの国際問題研究所、太平洋関係研究所、インド研究所の代表者である。日本は占領軍が許可せず代表団を送らなかった。会議では①アジア諸国における解放運動の比較検討、②人種問題、③アジア内の移住および移民の地位と処遇、④植民地経済から民族経済への移行、⑤農業およ

＊30　アジア関係会議については、奥野保男「アジア関係会議について――非同盟運動の源流にかんする一考察」『東洋研究』第七〇号（大東文化大学東洋研究所、一九八四年）を参照。

び経済開発、⑥公衆衛生、栄養および労働福祉、⑦文化協力、⑧アジアにおける婦人の地位と婦人運動が議題となった。

なお、参加国中の「朝鮮」の代表は米軍占領下の南朝鮮より送られた。はじめ呂運亨が候補であったが、休調不良を理由に断念した。[*31] 最終的には河敬徳（南朝鮮立法議院議員、ソウル新聞社長）、白楽濬（延大學長）・高凰京（軍政庁婦女局長）の三名が選ばれ、ニューデリーへと向かったが、上海での飛行機乗り継ぎに失敗し、ニューデリーには最終日に到着したため実質的な討議には参加できなかった。ニューデリー到着後も朝鮮代表と各国の代表らは同じ「アジア」とは言いながらも互いについて知るところがあまりに少なく、意思疎通も円滑に行われなかったという。こうした実情を韓国の文学研究者のチャン・セジンは「悲しいアジア」と表現している。[*32]

だが目を「在日汎アジア民族会議」に転じると、その実態は「悲しいアジア」と評価されるようなものではなく、わずか数年の期間だが注目すべき取り組みを残した。この会議は歴史的なアジア関係会議に「呼応」し「在日本亜細亜各民族の恒久的な協力」をはかるため、朝連を中心に結成された会議である。[*33] 連絡事務所は朝連中総外務部会議室に置き、[*34] 一九四七年四月五日に「在日本アジア連絡委員会」を結成した。[*35] 中国代表として甘文芳、馬朝茂（二人の出身地は台湾である）、朝鮮からは朝連の殷武岩、姜性哉が参加し、ほかにインド、ベトナム、インドネシアの代表が加わり、代表には甘文芳が選出され、アジア関係会議の決議を具体化することを決定し、アジア連絡委員会を東京に設立することを決めた。具体的な活動としてインドネシアのオランダとの独立戦争の支援や、各国の親善のための文化祭、インドやインドネシアの独立祝賀祭などを行っている[*36]。

以上みたように、解放後の在日朝鮮人団体も積極的に「アジア」との連帯を試みた。これらの第二次世界大戦後の脱植民地化を目指す「アジア」との連帯と、本シンポジウムの課題である一九一〇～一九二〇年代前半の「アジア」における連帯運動の歴史的連続と断絶をいかに把握できるのだろうか。それは果たして「悲しいアジア」にとどまったのであろうか。これらの問いの検討は、今後の課題としたい。

＊31 「여운형　뉴델리범아시아회의　불참과　좌익신당조직문제　등　회견」『東亜日報』一九四七年三月一五日付。

＊32 장세진、『슬픈　아시아　한국지식인들의　아시아　기행（一九四七～一九六六）』、푸른역사、二〇一二년。

＊33 在日本朝鮮人連盟「第十回中央委員会議事録（一九四七・五・一五）」（朴慶植『在日朝鮮人関係資料集成〈戦後篇〉』第1巻、不二出版、二〇〇〇年所収）一五三頁。

＊34 「自由獲得のために各民族共同戦線」『解放新聞』一九四七年四月一日付。

＊35 「民族解放共同戦線へと亜細亜民族結集　在日民族連絡委員会」『解放新聞』一九四七年四月一五日付。

＊36 「印度独立祝賀会」『朝連中央時報』一九四七年八月二二日付、「インドネシア独立宣言二週年記念式」『朝連中央時報』一九四七年八月二二日付。

〈総合討論〉

司会（李成市）：どうも、ありがとうございました。二・八独立宣言の意義を東アジアという空間の中に位置づけなおすという私からの問題提起に対して、それぞれの視点から問題を掘り下げクリアにしていただきました。それではまず、ご講演をされた四人の皆さんに、きょうの四つの講演やお二人のコメントを踏まえて、それぞれのお立場から応答していただきたいと思います。じゃあまず小野さんからお願いします。

小野容照：鄭栄桓さん、それから小野寺さん、どうもコメントありがとうございました。私のほうからの回答ということで、答えられないものもあると思いますが、まず小野寺さんに関して。三・一運動と五・四運動のつながりというところで、朝鮮史側の研究では、五・四運動への影響というのが必ず語られることになります。ある意味、大きな五・四運動まで起こしたということが朝鮮史の一つの誇るべきところになっていると思います。韓国の独立紀念館の展示とかに行ってみても、三・一独立運動の項目というのはやはり大きくて、その中の展示では、世界中に三・一運動が影響を与えたというふうに書いてあって、世界地図で朝鮮半島からほぼ全世界に矢印が飛んでいます。世界的に報道されたことは事実ですから、その矢印が間違っているわけではないけれども、こんなに太い矢印でやってしまったら、誇張であろうというのを独立紀念館に行ったときに感じました。

五・四運動についても、ほぼ大体のものに書かれているわけですが、その一方で中国の人たちと朝鮮の活動家との関係とか、そういうものについて深く入っていこうというような研究があまり多くないなという印象を受けておりました。それが私の中では、きょうのシンポジウムの出発点だったということになります。

では小野寺さんは五・四運動に関してどのように書いているのかなと思い、ご著書の『中国ナショナリズム――民族と愛国の近代史』（中公新書、二〇一七年）をめくってみると、一文字も出てこないということで、じゃあ丸投げしてしまおうということで発表のなかで質問させていただきました。非常に分かりやすく説明していただいて、大変勉強になりました。私はどちらかというと、「三・一」と「五・四」を反帝国主義運動と捉える小野信爾先生の研究を読んでいたので、ちょっとそっちに引きずられている面があるかなとは思うんですが、反帝国主義運動と、それからナショナリズムというものは、そもそも区別することができるのだろうかと個人的に思うところです。中国独自のナショナリズムの結果として、五・四運動を考えるというのが、どちらかというと今、主流になっているようですけれども、私は朝鮮独立運動を、ナショナリズムというものは自民族だけで形成されていくというよりは、他の民族や他の国々の人たちとの相互作用の中でつくられていくのではないのかという問題意識で研究していました。反帝国主義も、それからナショナリズムも、もちろん中国はやっぱり中国独自の要素が大きいとは思うんですけれども、いろいろな交流の中で全てが結び付きながら五・四運動が起こったのではないかなというふうに、漠然と想像しています。しかしそのことを実証していくのは相当難しそうで、私自身の今後の課題として少し考えてみようと思います。

『新青年』の写真については、私は紀さんのご研究や『亜細亜公論』、それから『新青年』のこの挿絵をアメリカ社会党から取ってきているというのを明らかにした石川禎浩さんの研究もよく読んでいたのに全然気が付きませんでした。これについてはまた後で、紀さんのほうから多分、返答があると思います。

次に鄭栄桓さんからいただいたコメント、まず在日朝鮮人史としての視点ですが、私の基調報告ではやや強引に、最後に少し在日朝鮮人史の視点を入れたかなという感じはしています。ただ、在日韓人歴史資料館で、それから日本でシンポジウムを開くということで、触れないわけにはいかないだろうと思い入れてみました。それを在日朝鮮人史を専門とされている鄭栄桓さんからどういう反応が来るか少し緊張しながら待っていたのですが、共感をしていただいたということで安心をしました。それでも基本的に二・八独立宣言を主導した留学生というのは、在日朝鮮人の存在というよりは、朝鮮の独立というところに目が行っているのは、これはもう紛れもない事実です。在日朝鮮人の人口自体は一九二〇年から三〇年の一〇年間に、大体一〇倍ぐらいになりますし、爆発的な在日朝鮮人人口の拡大の中で、在日朝鮮人の生活圏とかというものに多く着目した運動が、一九二〇年ぐらいからやはり出てきます。二・八独立宣言をやったことが、一九二〇年代の在日朝鮮人労働者がいるんだということを意識した運動とどうつながってくるのかという点も、今後ちょっと考えていかないとなというふうに気付かされました。

最後に解放後の話で、鄭栄桓さんからいただいた第二次世界大戦後の脱植民地化と、一九一〇年代、二〇年代前半のアジアにおける連帯活動の歴史的連続性は語りうるかという問題ですが、連続性が語りうるかどうか、すぐにちょっと答えは出せないところではあるのですが、実はこうした連帯の事例というのはきょうの話以外にもいくらでもあります。もう少し古いところでいえば、一九〇七年に東京で「亜洲和親会」という反帝国主義的な団体ができていて、それはインド人の宿舎でつくられて、中国人や大杉栄などの社会主義者、ベトナムのファン・ボイ・チャウが入っていて、朝鮮人の場合は積極的には関わらなかったけれど、趙素昂が少し出入りしていました。その後にきょうお話しした新亜同盟党があり、また、アメリカやヨーロッパのほうでは、第一次世界大戦の終戦にそなえて、ポーランド人やアイルランド人といった西洋の植民地の諸民族が集まって、どう対応するか話し合う会議がアメリカで開かれていましたが、そこにも朝鮮人でハワイを活動拠点にしていた朴容萬が参加していたりします。

また、一九二〇年代に入ると、まず一九年にコミンテルンができるので、社会主義者の横のつながりというのが出てくる一方で、アナーキストも出てきます。世界アナーキスト大会というのが開かれていて、そこに定期的に朝鮮人が出ている。そのときのつながりがあって、朝鮮戦争のときに、日本のアナーキストが朝鮮のアナーキストに対して物資を支援していました。定期的にこういった連帯の試みというのは、常にある。そして、鄭栄桓さんも少しお話しされたように、その担い手というのが、しっかりと連続的につながってこないというのがあります。こういうのをどうやってまとめていくかというのが、私も悩むところです。おそらくそういった世界的な連帯の試みというのが、一九〇七年の亜洲和親会から解放後まで定期的にずっとあるけれども、担い手はところどころ変わっていって、連続性がない場合が多いです。

そういったものをどのように意義付けていくのかというのが、なかなか難しいところで、そのためにはもう少し事例の発掘と、また連帯といってもその中でおのおのの民族の間でどういうやりとりがあったのかという、各民族のつながりの内実というところまで入っていかないと、鄭栄桓さんから投げかけられた課題には答えられないだろうと思います。ほとんど今後の課題ばかりで申し訳ないですが、しっかり連帯の事例の発掘とともに、こういうふうにつながりがあったというだけではなくて、つながることによって何が生まれたのかとか、民族と民族の間でどういうやりとりがあったのかというところにより深く迫りながら、植民地時代から解放後までつなげていくような研究が求められていて、難しいなと改めて感じたところです。私からは以上です。

司会：ありがとうございます。鄭栄桓さんから非常に難しい問いかけがあって、それに極めて誠実にお答えくださってありがとうございます。それから、裵姈美さん、お二人のコメントに応じるような形の意見をお願いします。

裵姈美：ありがとうございました。報告よりも素晴らしいコメント、課題をいただいてしまい、非常に戸惑っています。まず、キリスト教の位置付けや関係性について、さっき報告の中で触れたかったんですけれども、時間の関係であまりちゃんと言えずに過ぎてしまったので、そこを補足させていただきたいと思います。

先ほど、松谷さんからの報告で、在日本朝鮮ＹＭＣＡはとにかく宗教施設ではない、教会ではないという話も先におっしゃられていました。かなり後の時代まで、東京で留学生たちが完全な自由ではないにしても集まれる一つの留学生会館のような機能をずっと果たしていたということは、二・八宣言までもそうですし、それ以降もそうであります。そうした留学生会館のような機能をもつ、他の宗教の青年会、仏教や天道教など朝鮮独自の宗教の青年会もつくられますが、それも二・八宣言以降につくられるわけです。ですから、宗教に加入するということもあり、日本、東京にある朝鮮人の施設ということもあって、そういうことを牽制していたということが一ついえるかと思います。だから、二・八以降に寄宿舎を作って内鮮融和事業をするといった際に、真っ先にやったのが、ＹＭＣＡ会館で寝泊まりしていた非常に小規模の留学生をわざわざ全部追い出すということを前提にした寄宿舎事業を朝鮮総督府が進めていきます。

あと、二・八宣言以降、逮捕されなかった人たちが、日本に残って運動やその後の留学生のさまざまな活動の中心を担っていた人物がＹＭＣＡ会館に集っていたという、キリスト教信者かどうかは別としてというのを一つ補足しておきたかったことです。

小野寺さんからのコメントで、私が紹介した『学之光』や『亜細亜公論』に載った留学生の言説から見る世界観や民衆観の変化というのが、同時代の中国の学生や知識人と共通してもおり、また少し変わっているところもあるというところですが、小野寺さんのレジュメの「ボリシェビズムの受容、民衆の啓蒙から前衛政党による指導・利用へ」というところは、だいぶ時間が後になりますが、一九二五、二六年あたりからそれが徐々に深まって、結局「学友会」という東京の朝鮮人留学生団体そのものが解散宣言をする一九三〇年になったときの宣言文の中身がまさにこれであって、民衆の啓蒙というよりは、これからの学生は一つの民族運動としてではなくて、世界革命の一環としての前衛的な存在でなくてはいけないということで解体宣言をするので、そこで一番鮮明に浮かび上がってくるというのが一つ、また紹介しておきたかったです。

あと、鄭栄桓さんからのコメントや問題提起ですが、私自身も植民地期に朝鮮から日本に渡ってきた朝鮮人留学生研究といいながら、中身は実際は特に一九二〇年代、一九二二年〜二三年と追いながら、だんだんこの人、学生かなという人がたくさん出てくるわけですね。東京に舞台を制限しても、留学生なのか、あるいは学籍は置きつつも結局は活動家なのか、あるいはどういうものかというのが分からない人たちがいっぱい出てくる中で、在日朝鮮人運動史と留学生運動史、または留学生研究といえる境界が結構ぶれる。ぶれて当然だと思いますが、ぶれてくるんです。それは研究する私の能力不足ということもありますが、実態がそもそもそうであったとことが非常にあるかなと思っています。

ましてや一九一九年以降、きょう投げかけられた一九四七、四八年あたりまでをつなげて考えたときに一つ、朝鮮半島の中はともかく、日本にいる朝鮮人によるその直々の運動の主体、担い手がそもそもどんな人だったのかによって、かなり連続だったり、断絶だったり、あるいは共通点だったり、相違点だったりが明確になってくると思いますが、担い手をどういう人たちがどういうふうに定義するかという、それが非常に複雑で、私はやっていてずっと難しく思っていました。

それと先ほど、小野さんが話したような一つひとつの事例を、丁寧に発掘するとともに、それをあったからずっとあっただけ、あるいはこの時期はなかったから断絶というわけではなくて、その時代の背景と、それと担い手のその時々の特徴というのを丁寧につなげていくしかないのではないかなと考えております。今のところは以上になります。ありがとうございます。

司会：ありがとうございます。引き続き、松谷さん、お願いいたします。

松谷基和：小野寺さんから中国からの視点で、キリスト教に対する五・四運動に関わったような知識人の見方もいろいろと資料を交えて紹介していただいて、大変うれしく、興味を感じています。私が思うところは、やっぱりキリスト教というのは、先ほどの報告の中でも申し上げたんですけど、いろんな顔というか、いろんな側面があるんですね。でも簡単にいうと、エリート的キリスト教と大衆的キリスト教とはかなり差がある。結局、エリート的キリスト教の人からすると、大衆的キリスト教は物足りないと。さっき言った知識に対する関心が低いということもそうなんですけど、もう一つが今日あまり触れなかった、宣教師というものに牛耳られて平気でいると。要は結局、外国から持ち込まれた西洋宗教をありがたがっているだけだろうと。これは本当に自立的な、近代的な国民としていいのかという、そういう問いかけは絶対、知識人は持つんですよ。中国の知識人の場合は当然ながら、そういったのを突き詰めてくと、やはり共産主義革命じゃないと駄目だというので、最初はキリスト教に近かったけど、だんだん共産主義にいくという人が出てくるわけです。だから先ほどの陳独秀も、キリスト教に目覚めよと期待していたんだけど目覚めないし、やっぱりこれ駄目だなと、簡単に言えばそんな感情を持つ人が、知識人の中に多数いたんですね。

朝鮮のキリスト教の場合も、基本的に同じで、実はこの三・一運動とか二・八に署名したところだけでみんな判断していて、その後どうなったかと追跡しないんです。たとえば、私が資料で名前を挙げていますけど、このうちの金昌俊（キムチャンジュン）と朴熙道（パクヒド）、特に朴熙道ですが、三・一直後にはもう社会主義の立場に接近し、ロシア革命を推奨するようなことを書いています。実際に三・一の三年後ぐらいに牢屋から出てきたら、ロシア革命を記念するような記事を雑誌に書いて日本の官憲に逮捕されています。金昌俊に至っては、解放後に北朝鮮に自ら望んで渡っています。二・八の宣言でも、先ほど紹介した徐椿（ソチュン）という人は、ちょっと社会主義的な傾向もありました。李光洙も同じですけど、三・一後には日本に取り込まれて、親日主義者になったり、紆余曲折あるわけです。ですから瞬間的に見ると、なんかちょっとキリスト教っぽいこと言っているけど、それは長い人生におけるいろんな模索の中の一段階にしかすぎないので、そこだけもって判断するのは難しいし、逆にそういった長いスパンで見たり、隣の中国とか日本とかと比較してみると、キリスト教の果たした役割と、その限界というのが見えてくると思われます。ですから、こういった隣接分野の方とお話しするのは非常に意味があると思いました。

もう一つ、鄭さんからの連続性のコメントに関して言えば、キリスト教も社会主義と似ていてやはり民族を越えた連携を非常に強調するので、こういったインドネシアとかベトナムとかに関心が高いのです。そういった国を越えて付き合おうとしたときに問題になってくるのが、西洋宣教師は全然植民地批判してないので、彼らとどうつきあうのかという問題です。やはり西洋宣教師とキリスト教陣営にいるのはおかしいよねと。植民地に無批判のままキリスト教だけあがめていると、そのことが連携の障害になるんです。だから西洋植民地支配を批判しつつ、でもキリスト教で連帯するにはどうしたらいいのかという問題にぶつかります。これは非常に難問です。これはやはりアジアのキリスト教知識人の共通の悩みといえます。これは朝鮮とか中国とか日本とか関係なく、みんな共有していました。

そのなかで、悪い答えだと今振り返って思うんですけど、日本のキリスト教徒の一部の中に、アジア的キリスト教という考えを打ち出す人が出てきます。日本を中心とした西洋の宣教師に依存しない、アジア的なキリスト教徒、最初は日本的キリスト教と言っているんですけど、そのうち戦争が拡大するとアジア的キリスト教と言い出すんです。これはある種ごまかしみたいな論理ですけど、でもアピールするところもなくもないのです。実はキリスト教徒で独立運動やった人のなかでも、戦時期になると日本人のクリスチャンと一緒になって西洋の宣教師を追い出せとか、西洋のキリスト教を超えるキリスト教というのをアジアにつくりたいとかいう人が出てきて、その方たちが今、親日派とか言われたりしています。それと関連して、私は社会主義にせよ、キリスト教にせよ、戦時期の日本が唱えた大東亜共栄圏のように、日本の帝国主義的な枠内でアジアとの連帯をやろうという行動や経験からインスピレーションを得て、それを戦後のアジアとの連帯や交流に生かした人びともいたと思います。ちょっと不都合な真実かもしれないですけど、戦前と戦後のアジア連帯の間のところに、やっぱり日本の戦時期のプロパガンダがある種のつなぎ役を果たした面があるのではないかなというように、勘所としては思っています。以上です。

司会：紀旭峰さん、お願いいたします。

紀旭峰：まず、鄭さんのコメントですが、アジアにおける連帯の歴史的連続性を語り得るかどうかという問題ですが、先ほど小野さんもいろいろ具体的な例を取り上げられましたが、一九〇七年の亜洲和親会のほかに、たとえば一九一〇年代の東京におけるエスペラント運動もひとつの「連帯」と言えるだろうと思います。というのは、日本のエスペラント運動には、日本の秋田雨雀、その秋田の援助を受けたロシアのエロシェンコ、朝鮮出身の朴烈、そして台湾や中国からの留学生も加わっていたといいました。このような例は、実はほかにもたくさんあったと思いますが、そうした活動のさまざまな試行錯誤のなかで、連帯があり、あるいは対話もあったと私は考えています。

そして、その「連帯」の実質的な意味についてですが、先ほどコメントを拝聴して、「連帯」の意味合いについて、もう少し考える必要があると思いました。私は三・一運動や二・八独立宣言に関しては、いわば門外漢ですが、当時のアジアの留学生の交流を「連帯」と呼んでよいかは自信がありません。「連帯」というと対等な関係を前提としているようですが、むしろ「触発された」「影響を受けた」という面があったのではないかと思います。つまり必ずしもずっと対等な連帯関係とは言えないのです。そもそも台湾人は民族意識に関しては遅れていたということもあって、在京台湾人は、先駆けとしての朝鮮人や中国人から、大きなヒントを得たり、インパクトを受けたりした面もあったのではないかと考えています。つまり、必ずしも対等な連帯ではなかったかと思います。

それから、先ほど松谷さんから提起された問題ですが、キリスト教についていえば、少なくとも一九一〇年代から二〇年代かけての在京台湾人の啓蒙運動を見ますと、実はキリスト教系知識人、つまり牧師ではなくて、かなりの知識を持つ日本のキリスト教系知識人たちは留学生たちの運動に対して、さまざまな機会を提供したり、間接的であってもかなり協力的だったと思います。

これと関連して、連携を行うということを考えますと、やはり東京という空間が非常に重要になってくると思います。文化人類学の言葉でいう「コンタクトゾーン」です。つまり接触空間ですね。戦前期、少なくとも一九二〇年代半ばまで、つまり治安維持法が公布されるまでの東京は、ある意味で言論や情報の接触や交流がある程度は許容されていた空間であったと言えると思います。その空間は、特に大学、教会、それからもう一つ宿舎ですね。寄宿舎は非常に重要な情報の交換場所ではないかと考えています。

また小野寺さんが指摘された『亜細亜公論』の表紙のことですが、私の考えでは、『亜細亜公論』の創刊者である柳泰慶は一九一〇年にすでに中国大陸に留学した経験がありますので、そこで『新青年』という雑誌をおそらく読んだことがあるのだと思います。彼は、こうした体験があって『亜細亜公論』の表紙をデザインしたのではないかと考えられます。

さらに『新青年』、『亜細亜公論』だけではなくて、当時の留学生が発行した雑誌や日本の雑誌の目次を見ますと、かなり似たところがあります。ですから、こうした雑誌のデザインに関しては、それも一種の連帯であり、互いに触発されたものもあるのではないかと思います。

それから、やはり五・四運動の評価は非常に難しいと思います。なぜならば、反帝国主義か、あるいはナショナリズムか、その境界線は非常にあいまいではないかと私は考えているからです。もう少し歴史をさかのぼると、一九一四年～一五年前後、反袁世凱運動があります。当時、李大釗は反袁世凱運動に参加するために、早稲田大学を除籍されています。五・四運動の性格、位置付けを考える際にどうしても当時の中国国内の政局も踏まえて考える必要があるのではないかと思います。

つまり、皆さんよくご存じのように、中華民国は一九一二年に樹立しましたが、その後も軍閥の割拠などの問題があって、数十年間かけてもなかなか国内の統一ができませんでした。これは中国にとって非常に深刻な問題で、ですから五・四運動を考えるうえで、この軍閥問題を一つの重要な要因として考える必要があるのではないかと思います。以上です。

司会：ありがとうございます。皆さんから非常に重要な応答の中で、キーワードが出てきたと思います。「接触」と「連帯」。留学生がわれわれの想像以上に相互に接触し、影響関係にあったということで、小野さんのご報告のレジュメに新亜同盟党のメンバーが記載されておりますが、ご研究の中で大変興味を持ちましたのは、中国人、台湾人、朝鮮人留学生が非常に緊密な関係を持ち、非合法の中で、秘密結社のように交流する。小野さんの言葉を借りると「格が違う」といいますか、中国人留学生というのは、辛亥革命で日本に避難してきている、中国の中で革命を起こすような人がやってきて、そういう人から学ぶ。格違いの人からさまざまなことを、実践的なことを学ぶ。大変、力を得たのではないかと思います。彼らメンバーを見てみますと、二・八独立宣言に直接、関わった人が出てくる。世界を相手に発信する。独立宣言文は朝鮮語だけではなくて、英語でも、また日本語でも作成し、日本中の大使館にそれを発信して、世界に向けて訴えていく。こういう大胆な行動というのはやっぱり、中国で鍛えられた人たちから多くのことを学んでいるのではないかと思います。私は大学でも留学生の研究会をやっていて、東京で民族や言語を越えてさまざまな連携、接触をして学んだことは、なかなか一つの言語の中で閉じこもっている人には分からないと思います。

鄭栄桓さんから非常に難問を提起されたのですが、こういう連帯というのが時間的連続性で見ていけるのかということは、非常に難しい問題です。たとえば、『亜細亜公論』という雑誌があります。大変興味深い雑誌で、ある意味で東アジアのインターナショナルといいますか、朝鮮語と中国語と日本語で、どの言語で発表してもいいというこの雑誌を、一九二二年に朝鮮人留学生の柳泰慶という人が刊行します。先ほどのコメントにありましたように、この柳泰慶という人は日本に来る前に、中国で留学経験があります。日本でこういう雑誌を作って、火を付けながら、アメリカに渡って留学生活を行う。さまざまなところで非常に興味深い活動を仕掛ける、こういう留学生がいました。

紀旭峰さんはこの興味深い『亜細亜公論』を全部そろえるという作業をやっていまして、つまり長いこと忘れ去られていた雑誌ですね。私が申し上げたいことは、事実の発掘も大事ですけれども、意味の発見といいますか、われわれは意外とこういう接触と連帯があったにもかかわらず、事実は忘れ去られていた。だけども、こういう接触と連帯の意味を見つけると、事実の発掘というのは後から付いてくるというところがあるのではないかなと。もっとこういった東アジアのわれわれがあまり意味を見いださなかった連帯、接触、そういうものが留学生という簡単に国境を越えてしまう。日本語を通じてさまざまな情報を入手する。こういうところを見ていかないと、二・八宣言に関わった人たちの担った意義は見えてこないのではないかという印象を強く持ちました。

司会者という立場から、好き勝手なことを申し上げましたけど、もしこういうことに関わって、きょうご登壇くださった皆さんからご意見がありましたらお願いします。学術的な議論をする場でもありますが、フロアにいらっしゃる方につなぐ言葉も必要かと思いまして、あえて個人的なことを申し上げました。いかがでしょうか。

鄭栄桓：皆さん、リプライありがとうございました。自分でも到底、答えられない質問を人にするという野蛮なことをしてしまいました。リプライをうかがって考えたことの一つは言語の問題で、小野さんも触れておられますけれども、何語で話していたのかという問題です。その当時は恐らく日本語だったと思いますが、この日本語を介した連帯というか対話を超えようとする動きとして、先ほどエスペラントについてのご指摘がありましたので補足をしたいと思います。一九四七年の汎アジア関係会議の書記を務めた在日本朝鮮人連盟の殷武巌（ウンムアム）という人は、エスペランティストでした。彼は植民地期にデンマーク公使館で働いていて、ラテン語、フランス語を勉強して、英語もできて、エスペランティストになっていきます。日本語を超えたもう一つの媒介のツールを求めた一つの例と思われます。一九一〇年代からずっとアジアの連帯が続いていたと語るのは難しいのですが、そのためのツールとか、思想もそうですけど、キリスト教とか、そういったものの媒介としてのツールの連続性について考える必要がありそうです。どうも、ありがとうございます。

司会：今、鄭栄桓さんが、どういう言語を媒介に彼らはコミュニケーションしていたのかという点では、直接、小野さんにご説明いただいたほうがいいですが、先ほど触れました中国人、台湾人、朝鮮人の学生たちの新亜同盟党では、ある朝鮮人が中国語に堪能で、中国語を媒介にお互いのコミュニケーションを図っていたということでしたが、いかがでしょうか。

小野容照：日本に留学して外国語学校で中国語を学んだ朝鮮人の留学生が中心になって、朝鮮人側と中国人側をつないできたという経緯があります。それで中国語で基本的には会話をして、中国語を学んでいた留学生がいちいち通訳して周りに伝えるというやり方だったわけです。

これに関連して場を盛り下げることを一つ、私自身への戒めも含めて述べさせていただきますと、連帯の話がずっと出ていますけれども、決して連帯があったことが必ずしも素晴らしいことにはならないということです。例えばこの新亜同盟党の場合だと、辛亥革命の経験者が、仲間だった宋教仁が恐らく袁世凱に暗殺されたことによって身の危険を感じて、留学という形で日本に逃げてきて、一緒に活動するということで、確かに活動家としての格というのは違うので、中国人が動かしたということにはなるわけですけれども、新亜同盟党とのつながりがあった李大釗は同じ時代に、新アジア主義という論説を中国で発表しておりまして、そこではアジアのあり方というのは、中国人が中心になって引っ張っていくのが一番アジアでうまくいくんだというのを言っています。二年後にはもうちょっとマイルドな感じに言い直しますが、連帯といったときに、必ずやはりどこかに中心が生まれてくるということになります。

そういった言語的な意味での中心というものをなくすためにつくられた言語がエスペラント

語です。特にアナーキストの国際的な集まりで好んでエスペラント語が使われたのは、特定の誰かに権威を与えるとか、特定のどの民族に権威を与えるというのを否定する考え方から、エスペラント語というのが活用されていくということになります。一見、成功したように見えている、二・八独立宣言にも重要な役割をはたした新亜同盟党の場合も、中国人側はやはり中国こそが中心だという意識は出てきますし、その点ではその後の戦時期に出てくる大東亜共栄圏とか、東亜新秩序というものよりはましかもしれないですけれども、連帯の中で中心がやはりいる、ある、置くというその部分では共通しているということで、連帯があったから素晴らしいということにはならない。朝鮮人と台湾人のつながりという点でいえば、私が自治と独立志向の違いというのにこだわっているのも、同じ日本の植民地だから仲良くするというものでは決してなくて、目指すものが違うから必ずしもわかりあえるわけではないんだということを常に念頭に置きながら、こういう研究はしないといけないということで、自治と独立の違いというのを入れています。

さらにいうと、台湾が島なので、警察に目をつけられたときに逃げ場がなくて、ジェノサイドされる可能性があるけれども、朝鮮半島の場合は鴨緑江を渡ってしまえば逃げることができる。なので、過激なことは台湾人側はしたがらないし、その一方で朝鮮の場合は逃げ道があるから、もっと果敢に攻めていこうというような発想になっていって、そこで分裂するケースというのが後にあるわけですね。なので、結局は連帯の事例を発掘して、つながりがあったということで決して満足してはいけなくて、そのつながりがあったから後にどう変わったのかというところを重視しながら、鄭栄桓さんからいただいた一九四七年の事例にしてもそうですけども、こういった歴史というものを考えてく必要があるのだろうなというふうに感じています。

司会：ありがとうございます。まあることですが、うまくシンポジウムをまとめるために予定調和的に「連帯」という、なんか耳ざわりのいいところで収めようとしたんですが、見事に崩されてしまいました。皆さんには長い間、シンポジウムにお付き合いくださって感謝いたします。それで、一〇分しか残っていないですが、ぜひきょうの登壇者にこれだけはぜひ聞きたいという質問がございましたら、挙手の上、ご発言をなさってください。お願いいたします。

質疑者：裵姈美さんにちょっとお聞きしたいと思います。一九一九年ですから、朝鮮半島からの留学生が来て大体三〇数年たっている時期かと思いますが、当時、東京に留学していた留学生の出身階層というんですか、家庭環境というのか、朝鮮においてどういう環境の中で育ってきた方、人たちが留学に来たのかというのがちょっと気になります。

裵姈美：ご質問ありがとうございました。簡単に申し上げますけれども、それを正確に知りうる資料はほとんどありませんが、推測するに、この一九一九年当時、東京にいた留学生は六百数十人ですね。そのうち五〇人前後が官費の留学、総督府から奨学金もらって来る人が一割弱います。その他九割は私費留学生になりますが、出身地方はやっぱり嶺南、慶尚南北道か、首都圏の京畿道からの人が多いです。また一九一〇年代は、苦学生はそんなに多くはないですね。つまり生計を自分で頑張って立てないといけないということが非常に問題になるのは二〇年代半ば以降です。要するに一九一〇年代はある程度の経済力を持って、家庭の働き手であるのはほとんど男子学生ですので、もちろん女子学生もいるんですけれども、重要な働き手である息子を留学に行かせるぐらいの経済力があるか、あるいは、息子がいなくても家庭が成り立つぐらいの家系じゃないと、留学には来れなかったと思います。

それは苦学生でも同じです。学費、生活費は自分で稼ぐとしても、家族を養う必要のあるような家系の息子や娘さんは留学に行けないので、いくら苦学生といっても非常に貧農とかではありえないと思います。

質疑者（**鄭祐宗**）**：**京都から参りました鄭祐宗と申します。三・一運動を考える際には、やはり運動の目的というのが大事だと思うのですが、「二・八」でも「三・一」でもやはり目的は、特に三・一運動の宣言に表れているとおり、朝鮮が自由国であるということと、朝鮮人が一種の民であるという宣言であって、これから独立しますという宣言ではなくて、自分たち自身が自由の国で、一種の民であるという宣言だと思うのですね。その固有の文脈が、連帯の中で非常に薄められている側面があるんではないかなという気がします。

そこで、小野寺先生にお伺いしたいんですけれども、連帯ではないんですけれども、中国の進歩的知識人の反応についてというところで、私はこれを見るとすごく朝鮮を下に見ていると いうか、朝鮮について非常によく分かっていないないということを感じます。それが非常に発見であったんですが、その辺りについて確かに日本の当局者が朝鮮について全く無理解だったと いうことも分かるのですが、中国の知識人における朝鮮認識というのはどういうものだったのかということについて、お伺いしたいと思います。

小野寺史郎：ご質問いただき、ありがとうございます。ご指摘は全くそのとおりだと、私も思っております。やっぱりもうちょっと後になって、中国でマルクス主義、共産主義が入ってきて、民族自決の話が入ってくると平等主義的な考え方が入ってきますけれども、やっぱりさっき小野さんもちょっと言われていましたけれども、李大釗という人物、中国共産党の初期の指導者ですが、新アジア主義で中国中心的なにおいがするというのは全くそのとおりです。日本人が朝鮮の状況を知らなかったのと同じように、当時の中国の知識人も朝鮮のことについて知らなかったんじゃないか、全くそのとおりだと思います。ですので、私は連帯もそうですけれど、きょうの報告で、連帯の面とすれ違いの面、共通点と一方で相違点もあったという点をちょっと気にしておりまして、その点、きょうのいろんなお話を聞いて、私も大変勉強になりました。ご回答になっておりますでしょうか。

質疑者（小田川興）：大変ありがとうございました。せっかくなので、皆さんは研究者ということで、あまり現実の話を向けたら困るかもしれないし、いずれにせよ怒られるかもしれないです。私は朝日新聞のソウル支局長をやった小田川と申しますが、私なんかが見ていると、「二・八」、「三・一」から一〇〇年たって、今から次の一〇〇年、非常に気になります。きょう、皆さんのお話になった中・台・韓・朝との歴史と研究のご実績が大変、参考になった次第ですが、しかし今現在、目の前に展開している東アジアの激動をいろいろ考えたときに、研究から一歩はみ出すかもしれませんが、これからの一〇〇年に向かって、ご自分の研究をこういう形で生かしたいなということございましたら、ぜひ伺いたいです。特に渦中の北朝鮮、渦中の鄭栄桓先生、それから植民地下神社のことなども研究された松谷先生に短くてもお話を聞ければ、大変ありがたいです。

鄭栄桓：ありがとうございます。あんまりこういう話はしないでおこうかと思ったんですけども、私がこういう場でお話をできるということ自体も南北朝鮮の和解の進展と朝米関係の進展と無関係ではないと個人的には考えております。私も十二年ぶりに去年、韓国を訪問することができました。私は学術だけでなく、現実とか現代的な関心が強いほうなので、大変うれしく思っています。

私としては、現在の朝米関係も含めて、やはり三・一運動の歴史的経験から何を学べるかをもう一度思い返すきっかけにしたいと考えています。『アリランの歌』の中で、キム・サンという中国共産党の下で朝鮮民族のために戦った革命家が若いころ、三・一運動を平壌で迎えた記述があります。そして「ヴェルサイユの裏切り」を彼は批判する。パリ講和会議に期待をしたが、民族自決が裏切られた。つまり第一次世界大戦後、三・一運動の中で出てきた期待というものが、帝国主義的な国際体制の再編の下で裏切られて、朝鮮民族の独立への訴えというのがどんどん先送りされていく。一九四五年、四八年にも分断という形で先送りされていく。こういう国際社会全体が朝鮮民族の自決の抑圧であり続けているような状況が一〇〇年間続いてきた。この状況をどういう形で打破して、朝鮮半島の平和とか、統一も含め独立ということにつなげていくのかということに資するために、私としては先ほどの連帯のお話を紹介しました。もちろんいろいろな側面があるんですが、こういった国際的な関係、帝国主義的な国際構造そのものを問題視して、これを変えようとして闘ったり、模索したり、考えたり、観察した人たちの記録を掘り起こすことによって、今後の一〇〇年を展望する何かの財産になっていくのではないかと期待したいと思います。

そういったことの中の本当に小さい事例ですけども、一九四七年にニューデリーで開かれた会議を迎え、インドネシアの独立をみんなで助けようという形で日比谷に集まっていくような人びとの動きを、先ほど李成市先生がおっしゃられたような意味の発見を通じて、具体的な事実をさらに発掘していく。この意味と事実の往復運動が現状、これから一〇〇年の展望、それは単なるアジアというよりも、反帝国主義とか、抑圧のない世界、こういったことを夢見た人のことを研究し、明らかにしていくということも意義ではないかなと、私自身は考えています。以上です。

松谷基和：本当に難しいですね。研究に引き付けて話せば、私は自分の研究は要するに世の政治に流されないことが大事だと思っています。今の話でいえば、三・一独立運動を南北同時に祝うというのは政治行事としてはやってくださって構わないですけど、真面目に歴史を知って考えたら、たとえばキリスト教が一定程度の役割を果たしている以上、そういうキリスト教を北朝鮮で認めているか、ＹＭＣＡがあるかとを問わなければなりませんが、実際には認められていない。逆に迫害してきたという事実はあるわけですね。キリスト教であるがゆえに被害を受けた人が歴史上いたにもかかわらず、そういったことはほとんど議論されることもないまま、何か三・一で共同にお祝いをするとなれば、やっぱり難しい問題が絶対出てくると思います。やるなと言っているわけではないんですけど、私みたいに細かいこととか、本当に当時のそういう状況に置かれた悩みとか葛藤とか、引き裂かれるような立場にあった人たちのことを追体験的に追っていると、今の世の中の政治感覚とは全然違うので安易に歴史的な事例を持ち出して、現在につなげるみたいなことは、したくないと思っています。私の研究は多分、雑音のように余計なことを掘り出すといわれるのではないかなと思いますが、しようがないことなのです。当時も意見対立はあったし、今もあるし、それを踏まえた上でどうしていこうかということをもう少し考えるべきで、隠すべきではないだろうなと思います。

司会：ありがとうございます。議論はまだまだ尽きませんが、そろそろ終わりにしたいと思います。

本日は、在日韓人歴史資料館が主催して二・八宣言、三・一独立宣言に関わるシンポジウムを開催しました。こうした企画は、恐らく一〇〇周年を記念して韓国では何十回と行われるでしょうし、日本においてもこれから何度も行われると思います。しかしながら、私としては在日韓人歴史資料館らしい問題提起ができるような企画を考えたつもりです。登壇者の皆さんは、それに期待以上にお応えくださいました。登壇者の皆さんにお礼を申し上げたいと思います。そして、皆さんぜひ、今後とも新たな自由な視点からの共同研究を進めていきたいと思いますので、どうぞよろしくお願いいたします。本日はどうも、ありがとうございました。

巻末資料

・二・八独立宣言文の「日本語版」「朝鮮語版」「中国語版」「英語版」を掲げる。
・日本語版は、日本国外務省外交史料館に所蔵されている外務省記録（自大正八年一月至三月）「不逞団関係雑件　朝鮮人ノ部　在内地　三」（李光洙の手稿の謄写刷）に拠り、若干漢字の読みにルビを加えた。
・朝鮮語版は、韓国独立記念館所蔵の原本を基にした。
・中国語版は、一九二〇年に李光洙が上海で編集した雑誌『新韓青年』創刊号（一九二〇年三月）に掲載されたもの（『海外の独立運動史料（Ⅶ）中国篇③』〔国家報勲処、一九九三年〕所収の写真版）。
・英語版は、ホノルルで一九一九年四月に刊行された、*True Facts of the Korean Uprising and the Text of the Declaration of Independence, etc.* という冊子の中に掲載された宣言文の英語訳で、今回、韓国独立記念館から写真資料の提供を受けた。ただし、李光洙が作成した英語版の宣言書の原本は見つかっていない。そのため、この冊子に収録された英語版の宣言文が李光洙が作成したものと同一のものか、あるいは別の誰かが朝鮮語か日本語の宣言書から英訳したものなのかについては不明である。

二・八独立宣言書〔日本語版〕

朝鮮青年独立団は二千万朝鮮民族を代表して、正義と自由との勝利を得たる世界万国の前に独立を期成せんことを宣言す。四千三百年の長久たる歴史を有する吾族は実に世界最古文明民族の一たり。三国中葉以降、往々支那の正朔を奉じたりことありと雖も、此は両国主権者間の形式的外国的関係に過ぎず、朝鮮は常に朝鮮民族の朝鮮にして、曾て統一国家を失い、異族の実質的支配を受けたることなかりき。

日本は朝鮮が日本と唇歯の関係あるを自覚せりと称して、一千八百九十五年、日清戦争の結果、韓国の独立を率先して承認し、英、米、法〔フランス〕、徳〔ドイツ〕、露〔ロシア〕等諸国も独立を承認したるのみならず、此を保全せんことを約束したり。韓国は其の恩義に感じ、鋭意、諸般の改革と国力の充実とを図りたり。当時、露国の勢力東漸し、東洋の平和と韓国の独立を威脅せるを以て、日本は韓国と攻守同盟を締結し、日露戦争を開く。東洋の平和と韓国の独立の保全とは、実にこの同盟の主旨なりき。韓国は一層其の好誼に感じ、陸海軍の作戦上援助は不可能なりしも、主権の威厳をまで犠牲にして、可能なるあらゆる義務を尽て、以て東洋平和と韓国独立との両大目的を追及したり。戦争終結して、当時米国の大統領たりしルーズヴェルト氏の仲裁にて、日露間に講和会議の開設を見るに及びてや、日本は同盟国たる韓国の参加を許さず、日露両国代表間に於て任意に日本の韓国に対する宗主権を議定したるより、日本は優越なる兵力を恃み、「韓国の独立を保全すべし」との旧約に違反し、暗弱なる当時の韓国皇帝及其の政府を威脅し欺罔し、「国力の充実能く独立を得る時期まで」との条件にて韓国の外交権を奪い、此を日本の保護国となし、韓国をして直接世界列国と交渉するの道を断ち、次に「相当の時期まで」との条件にて司法警察権を奪い、更に「徴兵令実施まで」との条件にて軍隊を解散し、民間の武器を押収して、日本の軍隊と憲兵警察とを各地に配置し、甚しきに至りては皇宮の警備まで日本警察を使用したり。斯くの如くして韓国をして全く無抵抗なものたらしめ、明哲の称ある韓国皇帝を退位せしめ、智能に欠けたる皇太子を擁立し、日本の走狗を以て所謂合併内閣を組織して、秘密と武力との裏に合併条約を締結せり。茲に吾族は建国以来半万年、自己を指導し援助すべきを約したる友邦の帝国主義的野心の犠牲になりたり。実に日本の韓国に対する行為は、詐欺と暴力より出でたるものにして、斯くの如く偉大なる詐欺の成功は、人類上特筆すべき大恥辱たりと信ず。

保護条約を締結したる時、皇帝と賊臣ならざる数人の大臣があらゆる手段を尽したるのみならず、発表の後も全国民は赤子にて可能なるあらゆる反抗をなしたり。司法、警察権の被奪、及軍隊解散の時にも然り。併合の時に当りては手中に寸鉄も有せざるに拘わらず、可能なるあらゆる反抗運動をなして、精鋭なる日本の武器の犠牲となる者、其の数を知らず。爾来十年間、独立運動の犠牲となりたる者数十万、惨酷なる憲兵政治下に手足と口舌とに箝制を受けつゝも、曾て独立運動の絶えたることなし。此に由りて観るも、日韓合併は朝鮮民族の意思ならざるを知るべし。斯くの如く吾族は、日本の帝国主義的野心、詐欺と力との下に吾族の意思に反する運命に置かれたる一事は、正義を以て世界を改造する此の時に当り、当然其の匡正を世界に求むべき権利あり。又世界改造の主人たる米と英とは、保護と合併とを率先承認したる理由により、此時に其の旧悪を贖う義務ありと信ず。

又、併合以来、日本の朝鮮統治の政策を観るに、併合当時の宣言に反し、吾族の幸福と利益とを無視し、征服者が被征服者に対する如き政策を応用し、吾族には参政権、集会結社の自由、言論出版の自由を許さず、甚しきに至りては信教の自由、企業の自由までも少なからざる拘束をなし、行政、司法、警察等、諸機関が朝鮮民族の人権を侵害し、公にも私にも吾族と日本人間に優劣の差別を設け、日本人に比して劣等なる教育を施して、以て吾族をして永遠に日本人の被使役者たらしめんとし、歴史を改造して吾族の神聖なる歴史的、民族的伝統と威厳とを破壊し、凌侮し、少数の官吏を除く外、政府の諸機関及交通、通信、兵備等、諸機関に於て全部或は大部分日本人のみを使用し、以て吾族をして永遠に国家生活の智能と経験とを得べき機会を得ざらしむ。吾族は決して斯かる武断、専制、不正不平等なる政治の下に於て生存と発展とを享受すること能わず。之に加え、元来人口過剰なる朝鮮に無制限に移民を奨励し補助し、土着の吾族をして海外に流離するを免(まぬが)らざらしめ、国家と諸機関は勿論、私設の諸機関にまで多数の日本人を使用し又は使用せしめ、一面朝鮮人をして職務と職業とを失わしめ、一面朝鮮人の富を日本に流出せしめ、又商工業に於ても日本人には特殊なる便益を与え、以て朝鮮人をして産業的勃興の機会を失わしむ。斯くの如く、如何なる方面より観るも、吾族と日本人との利害は相互背馳し、背馳すれば其の害を受くる者は常に又自然に吾族なり。吾族は生存の権利の為め独立を主張するものなり。

最後に東洋平和の見地から観るも、其の威脅者たる露国は既に帝国主義的野心を拋棄し、正義と自由と博愛とを基礎とする新国家の建設に努力しつゝあり。中華民国亦然り。之に加え、此度国際連盟実現せば、復、帝国主義的侵略を敢行する強国なかるべし。されば韓国を合併したる最大理由は既に消滅したるのみならず、此より朝鮮民族が無数の革命乱を起すとせば、日本に併合せられたる韓国は返りて東洋平和を攪乱する禍源たるに至るべし。吾族は正当なる方法によりて吾族の自由を追求すべきも、若(もし)此にて成功せざれば、吾族は生存の権利の為めにあらゆる自由行動を取り、最後の一人まで自由の為に熱血を濺(そそ)ぐを辞せざるべし。此豈(これあに)、東洋平和の禍源にあらざるや。吾族は一兵をも有せず。吾族は兵力を以て日本に抵抗する実力なし。然れども、日本若し吾族の正当なる要求に応ぜざれば、吾族は日本に対し永遠の血戦を宣すべし。

吾族は久遠にして高等なる文化を有し、又半万年間、国家生活の経験を有するものなれば、縦令(たとい)多年専制政治の害毒と境遇の不幸とが吾族の今日を致したるにもせよ、正義と自由とを基礎とする民主主義の上に先進国の範を取りて新国家を建設せば、建国以来文化と正義と平和とを愛好したる吾族は必ずや世界の平和と人類の文化とに貢献するところならん。

茲に吾族は、日本又は世界各国が吾族に民族自決の機会を与えんことを要求し、若し成らずば、吾族は生存の為め自由行動を取り吾族の独立を期成せんことを宣言す。

朝鮮青年独立団
右代表
崔八鏞
金度演
李光洙
金喆寿
白寛洙
尹昌錫

李琮根
宋継白
崔謹愚
金尚徳
徐椿

決議文

一、本団は、日韓併合は吾族の自由意思に出でざるのみならず、吾族の生存と発展とを威脅し、又東洋平和を攪乱する原因たるべしとの理由により、独立を主張す。
二、本団は、日本議会及政府に対し、朝鮮民族大会を招集し、其の決議にて吾族の運命を決すべき機会を与えられんことを要求す。
三、本団は、万国平和会議に、民族自決主義を吾族にも適用せんことを請求すべし。右目的を達せん為め、日本に駐在せる各国大公使に対し、本団の意思を各其政府に伝達方を依頼し、同時に委員二人を万国平和会議に派遣すべし。右委員は既に派遣せられたる吾族の委員と一致行動を取るべし。
四、前項の要求拒絶せらる時は、吾族は日本に対し永遠の戦を宣すべし。此より生ずる惨禍は吾族其の責に任ぜず。

二・八獨立宣言書〔朝鮮語版〕

全朝鮮青年獨立團은 我二千萬朝鮮民族을 代表하야 正義와 自由의 勝利를 得한 世界萬國의 前에 獨立을 期成하기를 宣言하노라。

四千三百年의 長久한 歷史를 有하는 吾族은 實로 世界最古 文明 民族의 一이라。 비록 有時乎 支那의 正朔을 奉한 事는 有하엿으나 此는 朝鮮皇室과 支那皇室과의 形式的外交的關係에 不過하엿고 朝鮮은 恒常 吾族의 朝鮮이오 一次도 統一한 國家를 失하고 異族의 實質的支配를 受한 事 無하도다。 日本은 朝鮮이 日本과 脣齒의 關係가 有함을 自覺함이라 하야 一千八百九十五年 日淸戰爭의 結果로 日本이 韓國의 獨立을 率先承認하엿고 英・米・法・德・俄等 諸國도 獨立을 承認할뿐더러 此를 保全하기를 約束하엿도다。 韓國은 그 恩義를 感하야 銳意로 諸般改革과 國力의 充實을 圖하엿도다。 當時 俄國의 勢力이 南下하야 東洋의 平和와 韓國의 安寧을 威脅할새 日本은 韓國과 攻守同盟을 締結하야 日俄戰爭을 開하니 東洋의 平和와 韓國의 獨立保全은 實로 此同盟의 主旨와 韓國은 더욱 그 好誼에 感하야 陸海軍의 作戰上 援助는 不能하엿으나 主權의 威嚴까지 犧牲하야 可能한 온갓 義務를 다 하야써 東洋平和와 韓國獨立의 兩大目的을 追求하얏도다。 及其 戰爭이 終結되고 當時 米國 大統領 루쓰벨트氏의 仲裁로 日俄間에 講和會議 開設될새 日本은 同盟國인 韓國의 參加를 不許하고 日俄 兩國 代表者間에 任意로 日本의 韓國에 對한 宗主權을 議定하엿으

며 日本은 優越한 兵力을 持하고 韓國의 獨立을 保全한다는 舊約을 違反하야 暗弱한 當時 韓國 皇帝와 그 政府를 威脅하고 欺罔하야 「國力의 充實함이 足히 獨立을 得할 만한 時期까지라」는 條件으로 韓國의 外交權을 奪하야 此를 日本의 保護國을 作하야 韓國으로 하야곰 直接으로 世界列國과 交涉할 道를 斷하고 因하야 「相當한 時期까지라」는 條件으로 司法・警察權을 奪하고 更히 「徵兵令 實施까지라」는 條件으로 軍隊를 解散하며 民間의 武器를 押收하고 日本軍隊와 憲兵警察을 各地에 遍置하며 甚至에 皇宮의 警備까지 日本警察을 使用하고 如此히 하야 韓國으로 하여곰 全혀 無抵抗者를 作한 後에 多少 明哲의 稱이 有한 韓國 皇帝를 放逐하고 皇太子를 擁立하고 日本의 走狗로 所謂 合併內閣을 組織하야 秘密과 武力에 裏에서 合併條約을 締結하니 玆에 吾族은 建國以來 半萬年에 自己를 指導하고 援助하노라 하는 友邦의 軍國的野心에 犧牲되엿도다。

實로 日本은 韓國에 對한 行爲는 詐欺와 暴力에서 出한 것이니 實로 如此히 偉大한 詐欺의 成功은 世界興亡史上에 特筆할 人類의 大辱恥辱이라 하노라。

保護條約을 締結할 時에 皇帝와 賊臣 안인 幾個大臣들은 모든 反抗手段을 다하얏고 發表後에도 全國民은 赤手로 可能한 온갓 反抗을 다하얏으며 司法・警察權의 被奪과 軍隊解散時에도 然하얏고 合併時를 當하야는 手中에 寸鐵이 無함을 不拘하고 可能한 온갓 反抗運動을 다하다가 精銳한 日本武器에 犧牲이 된 者이 不知其數며 以來 十年間 獨立을 恢復하랴는 運動으로 犧牲된 者이 數十萬이며 慘酷한 憲兵政治下에 手足과 口舌의 箝制를 受하면서도 曾히 獨立運動이 絶한 적이 업나니 此로 觀하여도 日韓合併이 朝鮮民族의 意思가 아님을 可知할지라。 如此히 吾族은 日本軍國主義的 野心의 詐欺暴力下에 吾族의 意思에 反하는 運命을 當하얏으니 正義로 世界를 改造하는 此時에 當然히 匡正을 世界에 求할 權利가 有하며 또 世界改造에 主人되는 米와 英은 保護와 合併을 率先承認한 理由로 此時에 過去의 舊惡을 贖할 義務가 有하다 하노라。

또 合併以來 日本의 朝鮮統治政策을 보건대 合併時의 宣言에 反하야 吾族의 幸福과 利益을 無視하고 征服者가 被征服者의게 對하는 古代의 非人道的 政策을 應用하야 吾族의게는 參政權、集會結社의 自由、言論出版의 自由를 不許하며 甚至에 信教의 自由、企業의 自由까지도 不少히 拘束하며 行政・司法・警察等諸機關이 朝鮮民族의 人權을 侵害하며 公私에 吾族과 日本人間에 優劣의 差別을 設하며 日本人에 比하야劣等한 教育을 施하야써 吾族으로 하야곰 永遠히 日本人의 被使役者를 成하게 하며 歷史를 改造하야 吾族의 神聖한 歷史的、民族的 傳統과 威嚴을 破壞하고 凌侮하며 小數의 官吏를 除한 外에 政府의 諸機關과 交通・通信・兵備諸機關에 全部 或은 大部分 日本人만 使用하야 吾族으로 하야곰 永遠히 國家生活의 智能과經驗을 得할 機會를 不得케 하니 吾族은 決코 如此한 武斷專制 不正不平等한 政治下에서 生存과 發展을 享受키 不能한지라。그 뿐더러 元來 人口過剩한 朝鮮에 無制限으로 移民을 奬勵하고 補助하야 土着한 吾族은 海外에 流離함을 不免하며 國家의 諸機關은 勿論이오 私設의 諸機關에까지 日本人을 使用하야 一邊 朝鮮人으로 職業을 失케 하며 一邊 朝鮮人의 富를 日本으로 流出케 하고 商工業에 日本人의게는 特殊한 便益을 與하야 朝鮮人으로 하야곰 産業的發興의 機會를 失케 하도다。如此히 何方面으로 觀하야도 吾族과 日本人과의 利害를 互相 背馳하며 背馳하면 그 害를 受하는 者는 吾族이니 吾族은 生存의 權利를 爲하야 獨立을 主張하노라。

最後에 東洋平和의 見地로 보건대 그 威脅者이던 俄國은 이미 軍國主義的 野心을 抛棄하고 正義와 自由와 博愛를 基礎로 한 新國家를 建設하라고 하는 中이며 中華民國도 亦然하며 兼하야 此次 國際聯盟이 實現되면 다시 軍國主義的侵畧을 敢行할 強國이 無할 것이라。그러할진대 韓國을 合併한 最大理由가 이미 消滅되얏을 뿐더러 從此로 朝鮮民族이 無數한 革命亂을 起한다 하면 日本의 合併된 韓國은 反하야 東洋平和를 攪亂할 禍源이 될지라。吾族은 正當한 方法으로 吾族의 自由를 追求할지나 萬一 此로써 成功치 못하면

吾族은 生存의 權利를 爲하야 온갓 自由行動을 取하야 最後의 一人까지 自由를 爲하는 熱血을 濺할지니 엇지 東洋平和의 禍源이 아니리오。吾族은 兵이 無호라。吾族은 兵力으로써 日本을 抵抗할 實力이 無호라。然하나 日本이 萬一 吾族의 正當한 要求에 不應할진대 吾族은 日本에 對하야 永遠의 血戰을 宣하리라。

吾族은 久遠히 高等한 文化를 有하얏고 半萬年間 國家生活의 經驗을 有한 者이라。비록 多年 專制政治의 害毒과 境遇의 不幸이 吾族의 今日을 致하얏다 하더라도 正義와 自由를 基礎로한 民主主義의 上에 先進國의 範을 隨하야 新國家를 建設한 後에는 建國以來 文化와 正義와 平和를 愛護하는 吾族은 반다시 世界의 平和와 人類의 文化에 貢獻함이 有할지라。

玆에 吾族은 日本이나 或은 世界各國이 吾族의게 民族自決의 機會를 與하기를 要求하며 萬一 不然하면 吾族은 生存을 爲하야 自由行動을 取하야써 吾族의 獨立을 期成하기를 宣言하노라。

朝鮮青年獨立團

右代表者

崔八鏞　李琮根
金度演　宋繼白
李光洙　崔謹愚
金喆壽　金尙德
白寬洙　徐椿
尹昌錫

決議文

一、本團은 日韓合併이 吾族의 自由意思에 出하지 아니하고 吾族의 生存과 發展을 威脅하고 또 東洋의 平和를 攪亂하는 原因이 된다는 理由로 獨立을 主張함。

二、本團은 日本議會 及 政府에 朝鮮民族大會를 招集하야 該會의 決議로 吾族의 運命을 決할 機會를 與하기를 要求함。

三、本團은 萬國講和會議에 民族自決主義를 吾族의게도 適用하게 하기를 請求함。右 目的을 達하기 爲하야 日本에 駐在한 各國大公使의게 本團의 主義를 各其政府에 傳達하기를 依賴하고 同時에 委員二人을 萬國講和會議에 派遣함。右 委員은 旣히 派遣한 吾族의 委員과 一致行動을 取함。

四、前項의 要求가 失敗될 時는 吾族은 日本에 對하야 永遠의 血戰을 宣함。此로써 生하는 慘禍는 吾族이 그 責에 任치 아니함。

在日本東京靑年獨立團之宣言書

朝鮮靑年獨立團代表我二千萬民族據正義自由期成我獨立宣言於世界萬國之前夫吾族有四千三百年長久之歷史而爲世界最高民族之一者也雖有時乎奉支那之正朔而此不過兩國皇室之形式的外交關係也而朝鮮常爲吾族之朝鮮未嘗有一次之失其統一國家而受異族之實質的支配者也

日本謂與朝鮮有脣齒關係以一八九五年淸日戰爭之結果率先承認韓國之獨立而英美法德俄與意等諸國亦皆承認從爲保存獨立而於約束焉韓國亦感其恩義銳意於諸般改革期圖完實其國力者矣當時俄國以南下之勢力有威脅東洋之平和韓國之安寧者日本乃與韓國締結攻守同盟開俄日之戰爭維持東洋之平和韓國之獨立卽此同盟之主旨也於是韓國愈感其好意雖無陸海軍作戰上之援助而至於犧牲我主權之威嚴而凡係可能之義務無不盡力者實追究乎東洋平和韓國獨立之兩大目的者也及其戰爭之終結也米國大統領故羅斯福氏以仲裁開講和會議而日本不許同盟國之韓國參加俄日兩國之代表以對韓之宗主權任意議定日本特其優越之兵力違反韓國獨立保全之舊約威脅韓國皇帝及政府欺罔以韓國國力之充實爲定得獨立之時期勒施條件奪韓國之外交權爲日本之保護國使韓國對於世界各國斷其直接交涉之道因而借相當時期之條件奪司法警察權借徵兵令實施之條件解散軍隊押收民間武器以日本軍隊與憲兵警察遍置各道甚至於皇宮之警備亦用日人之發察如此進行遂使韓國作爲全無抵抗者然後放逐我明哲之光武皇帝擁立皇太子利其精神之發達尙未充分也所謂內閣盡以日本之走狗組織竟以秘密與武力締結合併條約於是韓國犧牲於日本之軍國的野心政策以如此之詐欺行爲有如此偉大之成功與世界興亡史上未曾有之奇事人類之大恥辱也

夫締保護條約也除賊臣外皇帝與諸大臣均極力反對發表後我全國民皆以赤手反抗至司法警察權之被奪與軍隊解散之日亦然及其合併也雖手無寸鐵而爲極力反抗之運動犧牲於日本武器之下者不知其數爾來十年間以回復獨立之運動犧牲其生者亦數十萬雖彼憲兵政治極其苛酷手足與口舌無不受其箝制者而獨立運動未嘗間斷觀此可知日韓合併非韓國民族之意思也吾族之運命乃在日本軍國主

義的野心家詐欺暴力之下矣値此正義人道改造世界之日而求其匡正亦有當然之權利且爲改造世界之主人者若米若英對保護與合併而爲率先承認者至於今日亦有追贖舊惡之義務矣

且自合併以來以日本之統治政策觀之彼合併時之宣言者所謂增進吾族之幸福利益盡屬欺人之言而惟以征服者對於被征服者襲用古代非人道的政策對於吾族而參政權集會結社之自由言論出版之自由等一切不許甚至於信教企業之自由亦加拘束行政司法警察等諸機關無有不侵害朝鮮民族之私權者公私上吾族與日人間優劣之差別懸殊施吾族以劣等之教育永使吾族爲日本人之使役者而已改造歷史破壞我神聖之傳統與威嚴加以凌侮除少數官吏外政府之各機關與交通通信警備等各機關之全部或大部分盡用日本人使吾族凡可以得國家生活之智能與經驗者永無機會之可得吾族在如此武斷專制不正不平之政治下決不能享受其生存發展也不啻惟是彼在人口過剩之韓土獎勵無限之移民使吾土著之族不免於流離海外且政府之各機關勿論而私設之各機關亦盡用日本人一使吾國人民失其職業一使吾國富源流出日本至商工各業必予日人以特殊之便益使吾族失其產業發興之機會據各方面觀之吾族與

日人間諸般利害互相背馳而受其害者吾族也故吾族之主張獨立爲生存之權利者也

以最后東洋平和之見地言之彼最大威脅者若俄國既拋棄其軍國的野心而基於正義與自由而從事於新國家之建設中華民國亦然兼此後國際聯盟之實現也必無敢行軍國主義的侵略之強國矣然則合併韓國之最大理由既已消滅而從此朝鮮民族若起革命之亂者日本之合併韓國實爲撥亂東洋和平之禍源矣吾族惟一正當之方法追究吾族之自由而若不能以此成功則吾族爲生存之權利取自由行動至最后一人必爲自由而濺其熱血詎非東洋平和之禍源耶吾族以兵力乎則雖無抵抗日本之實力然日本若不應吾族之正當要求者不得不對於日本宣佈永遠血戰而已

吾族有高等之文化者久遠而且有半萬年國家生活之經驗者雖以多年專制政治之害毒致有今日之不幸而今從正義自由民主主義先進國之範而建設新國家則以我建國以來之文化愛好正義和平之吾族必能對於世界平和人類文化而有所貢獻者矣

今茲吾族對於日本及世界各國要求民族自決之機會而如其不然者吾族爲其生存取自由行動期成吾族之獨立茲[illegible]宣言

朝鮮青年獨立團

右代表　崔八鏞　尹昌錫　金度演
　　　　李琮根　李光洙　宋繼白
　　　　金喜壽　崔謹愚　白寬洙
　　　　金尙德　徐　椿

决議文

本團以日韓合併非出於吾族之意思而威脅吾族之生存發展且爲擾亂東洋平和之原因故吾族主張獨立

二　本團召集朝鮮民族大會以該會决議對於日本議會及政府要求决定吾族之運命

三　本團據萬國平和會議之民族自决主義請求吾族之適用且爲達其目的對於駐在日本之各國大使公使要求傳達本團之意思於各其政府同時派遣委員二人于萬國平和會議與吾族全體之派遣委員取一致行動

四　以上諸項之要求不幸而失敗則吾族惟有對於日本而爲永遠血戰以此而慘禍之發生者吾族不負其責

RESOLUTIONS

The Korean Young Men's League for Independence has resolved:

1. To declare themselves for an absolute independence of Korea on the ground that the annexation of Korea to Japan was not only done without the free consent of the Koreans, but this, on the one hand, threatens the free national existence and progress of Korea, and on the other, it is likely to be a source of peril toward the eternal peace of the East;

2. To lodge a petition in the House of Representatives for the application of the principle of self-determination to Korea;

3. To appeal to the international peace conference for the same thing as mentioned in the foregonig article; for this purpose the League shall make a request to the heads of foreign missions for the transmission of the intention of the League to the governments they respectively represent, and it shall send two delegates to the international peace conference who shall act in accordance with the delegates already sent by the Koreans to France.

4. To declare war on Japan in case when our just demands be denied, we should not be responsible for whatever damage it would produce.

37

Threaten Eternal War.

Lastly, the eternal peace of the East as one of the two vital reasons for annexation has not only been fully annulled by the fact that Russia and China have abandoned or abjured any aggressive ambition and that the coming international union will allow no one to resort to imperialistic measures, but such annexation may be a source of dreadful peril as far as regards the peace of the East, for the Korean may be incited to rise to unending revolution. If we fail in regaining the long cherished freedom by means of open expression of opinion, we may feel prepared to take every measure for victory, and thus we should fight to the last drop of blood. We have no army, but we can declare an eternal war on Japan in case she denies our just demands.

As we have had superior civilization and a long experience of national life, we are fully convinced of success in establishing a new state upon the foundation of the principle of democracy. We hold to a firm belief that we will be able to contribute something to the peace and civilizaiton of the world, if we are allowed to make free and unhindered progress along our own lines.

We hereby appeal to Japan and to other countries requesting the application of the principle of self-determination also to the Korean nation. If this be not permitted we are quite prepared to take any means possible to gain this final and exceedingly proper aid.

The Representatives of the Korean Young Men's League for Independence,

PALYONG CHOI,
TOYEN KIM,
KWANG SHOO LEE,
CHEOLSHOO KIM,
KWANSHOO BAIK
CHOEN SUR,
CHANGSEOK YOON,
JONGKUEN LEE,
GEBAIK SONG,
KUENWOO CHOI,
SHANGTOOK KIM.

it was announced, the whole nation did all that a perfectly defence-
when the judicial power and the police authority were transferred and
less nation could do to express its dissent. This also was the case
when the national army was dissolved. When at last the annexation
treaty was announced, thousands of patriotic souls became victims
of the picked troops of Japan. Since nine years from that time many
attempts at independence were made in vain under the saber autoc-
racy of the governor general of Chosen. This will suffice to show
that the annexation of Korea to Japan was never made with the free
consent of the Koreans. Here we have the second reason for asking
the international peace conference to rectify the mistake committed
by Japan, and recognized by Great Britain, the United States of
America and other powers.

Progress Is Hindered.

Now let us examine the policy which Japan applies in ruling Korea.
In spite of her declaration Japan disregards the well-being, interest,
and free progress of the Koreans. Political rights, freedom of meet-
ing and association, freedom of speech and press are all perfectly de-
nied to us; even the freedom of faith and of enterprise is to a great
extent interfered with; private or personal rights are not infrequently
infringed upon by the administrative, judicial or police authorities.
Japan makes a rigid distinction between Japanese and Koreans. She
provides an education much inferior to that of the Japanese them-
selves in order to keep the Koreans eternally useful slaves for the
Japanese, thus reconstructing history so as to destroy and wound the
national tradition and dignity of the Koreans. Except in some lower
offices, in almost all official and public services only Japanese officers
are employed, allowing the Koreans little or no opportunity to acquire
any knowledge and experience of a self-ruling national life. She could
never enjoy any free life and progress under such a military, auto-
cratic and essentially unjust government. Moreover, the unrestricted
immigration policy of Japan has compelled tens of thousands of the
Koreans to wander into Manchuria and Siberia ,for Korea is already
an over-populated country without the unwelcome immigrants from
Japan. Employing and forcing to employ Japanese in almost all gov-
ernmental and private organs or institutions has two serious results:
on the one hand it of all superior services and pro-
fessions; on the other it makes a great amount of Korean wealth flow
into Japan, the so-called motherland. Along the lines of commerce and
industry the Japanese are given much more support and greater ad-
vantage than the Koreans.

Viewed from any points the interests of Japan and Korea are not
identical, and whenever that is the case the one that is destined to
suffer the loss is always and naturally the conquered party. He is
the third reason for the right of Korea to insist upon its independence.

neighbors. In 1903, Japan persuaded Korea to form an offensive and defensive alliance with her for two common purposes, the maintenance of the peace of the East and the assurance of the absolute independence of Korea. These were then threatened by the aggressive eastward policy of Russia. During the Russo-Japanese war Korea did everything possible in fulfilling her duty toward an ally so much so that she did not care even to shrink from offering the services of her sovereign power in order to acquire the assurance of her absolute independence and the eternal peace of the East. With all this she, however, was not permitted to be represented at the peace conference at which Japan's suzerainty over Korea was decided. This fact was witnessed by the late Roosevelt, being then President of the United States of America and the mediator between Japan and Russia. Then in spite of the previous promise to guarantee the absolute independence of Korea, Japan upon the strength of her superior militant force, forced the Emperor of Korea and his ministers to hand over to Japan "until Korea would become capable of resuming her absolute independence," the real purpose of Japan being to isolate Korea from the world, and to be able to do whatsoever she pleases with Korea.

Then Japan deprived Korea of judicial power and police authority "for a certain period," then dissolved the Korean national army "until a system of national conscription would be erected;" and then she detailed Japanese garrison guards, gendarmes and police stations all over Korea. Even the Imperial palace was guarded by Japanese policemen. Thus Japan succeeded in making Korea perfectly powerless for any resistance.

Emperor Is Dethroned.

Lastly Japan dethroned the Emperor of Korea because he, being an able man, resisted Japan in behalf of the independence of his empire, and because the Crown Prinee was not of a full mental capacity (non compos mentis). Thus Japan organized the well-known annexation cabinet" members of which were all bribed puppet-players of Japan. After such preparations were completed, the annexation was made in dark secret and under heavy pressure of machine guns.

This is the process through which the ancient Kingdom of Korea became a victim of the cruel imperialistic ambition of a friendly neighbor who had confessed so many times to be the protector of her absolute independence. In short, this has been done by cunningly employed delusion and force. It must be accounted to be a great blot upon the history of the human race that such a wonderful end has been achieved by such means; and that this was recognized by the whole world.

When the protectorate treaty was forced by Japan, the Emperor of Korea and his ministers, except two or three bribed traitors, took all measures possible to resist this aggression by the neighbor; and when

34

PROCLAMATION

OF THE

Korean Young Men's League for National Independence

The "Korean Young Men's League for National Independence" representing their twenty million fellow countrymen hereby declare before all nations which enjoy the glorious victory of justice and freedom that we desire to restore the sovereign independence of Korea by applying the principle of self-determination also to the Korean people.

The Korean nation is one of the most ancient nations that have established and maintained an organized state and a higher civilization, leading an unbroken history through the course of more than forty centuries. Although it is true that at some periods Korea was placed under the suzerainty of the Emperor of China, that was no more than a nominal relation between the two ruling families without affecting the sovereign power of self rule on the part of Korea. It is right to say that Korea has always been the Koreans' own Korea so far as the power of self rule is concerned; she has never been ruled over essentially by any foreign nation. Herein we have the first reason of independence, viz., that of historical right.

Japan Obtains Control.

Japan was the first power to recognize and to guarantee the absolute independence of Korea at the Japan-China treaty of peace (1893) as the result of the Japano-Chinese war, declaring that she and the independent Korea were bound to stand and fall together; this was followed by the western powers in recognizing and guaranteeing the same thing. Korea thence forward made the utmost effort in reorganization and completion hoping to meet the friendly desire of her

[1]』2016年)、「三・一運動における「キリスト教徒」と「教会」」(『歴史評論』2019年3月号）など。翻訳書に、ウィリアム・J・ペリー『核戦争の瀬戸際で』(東京堂出版、2018年)。

ーラシアの歴史』（放送大学教育振興会、2020年）など、共編訳書に『陳独秀文集1――初期思想・文化言語論集』（平凡社東洋文庫、2016年）など。

紀旭峰（き・きょくほう）

台湾台南市生まれ。専攻は東アジア近代史、日台交流史。現在、高崎経済大学・聖心女子大学・早稲田大学等非常勤講師。著書に『大正期台湾人の「日本留学」研究』（龍渓書舎、2012年）。主な論文・共著書に「大正期台湾人留学生寄宿舎高砂寮の設置過程」（『日本歴史』第722号、2008年）、「植民地台湾からの「留学生」郭明昆――知の構築と実践を中心に」（『植民地帝国日本における知と権力』思文閣出版、2019年）など。

鄭栄桓（チョン・ヨンファン）

1980年、千葉県生まれ。専攻は朝鮮近現代史、在日朝鮮人史。現在、明治学院大学教養教育センター教授。著書に『朝鮮独立への隘路――在日朝鮮人の解放五年史』（法政大学出版局、2013年）、『忘却のための「和解」――『帝国の慰安婦』と日本の責任』（世織書房、2016年）、『いま、朝鮮半島は何を問いかけるのか――民衆の平和と市民の役割・責任』（彩流社、2019年）など。翻訳書に、権赫泰『平和なき「平和主義」――戦後日本の思想と運動』（法政大学出版局、2016年）、共訳書に、金東椿『朝鮮戦争の社会史――避難・占領・虐殺』（平凡社、2008年）など。

裵姈美（ベ・ヨンミ）

1976年、韓国生まれ。専攻は朝鮮近現代史、日韓関係史。現在、韓国独立紀念館研究員。主な論文・共著書に「関東大震災時の朝鮮人留学生の動向」（『関東大震災　記憶の継承――歴史・地域・運動から現在を問う』日本経済評論社、2014年）、「李相佰、帝国を生きた植民地人――早稲田という「接触領域」に着目して」（『留学生の早稲田――近代日本の知の接触領域』早稲田大学出版部、2015年）、「在日朝鮮人の3･1運動継承――1920～1948年」（『未完の独立宣言――2･8朝鮮独立宣言から100年』新教出版社、2019年）など。

松谷基和（まつたに・もとかず）

1975年、福島市生まれ。専攻は東アジア近代史、キリスト教史。現在、東北学院大学教養学部言語文化学科准教授。著書に『民族を超える教会――植民地朝鮮におけるキリスト教とナショナリズム』（明石書店、2020年）。主な論文・共著書に「「ネビウス方式」の再検討――その理念と現実の乖離」『韓国朝鮮の文化と社会11』（風響社、2012年）、「押川方義と朝鮮の関係史序説――朝鮮伝道計画から大日本海外教育会へ」（『東北学院史資料センター年報

[監修・編者紹介]

李成市（リ・ソンシ）

1952年、名古屋市生まれ。専攻は東アジア史。現在、早稲田大学文学学術院教授、在日韓人歴史資料館館長。主な著書に『東アジアの王権と交易——正倉院の宝物が来たもうひとつの道』（青木書店、1997年）、『古代東アジアの民族と国家』（岩波書店、1998年）、『東アジア文化圏の形成』（山川出版社、2000年）など。共編著に『植民地近代の視座——朝鮮と日本』（岩波書店、2004年）、『東アジア古代出土文字資料の研究』（雄山閣、2009年）、『いま〈アジア〉をどう語るか』（弦書房、2011年）、『「韓国併合」100年を問う』（岩波書店、2011年）、『岩波講座　日本歴史』（岩波書店、2013-2016年）、『留学生の早稲田——近代日本の知の接触領域』（早稲田大学出版部、2015年）など。

在日韓人歴史資料館

2005年に、在日コリアンに関する各種資料を収集・整理し、その展示・公開を通じて、在日の歴史を後世に伝えていくために開館した。常設展示のほか、図書・映像資料室には、各種図書、論文、雑誌、パンフレット、映像資料などを備え、毎月講演学習会「土曜セミナー」を開催している。館の編著に『写真で見る在日コリアンの100年』（明石書店、2008年）がある。（〒106-8585 東京都港区南麻布1-7-32 韓国中央会館別館）

[著者紹介]

小野容照（おの・やすてる）

1982年、横浜市生まれ。専攻は朝鮮近代史。現在、九州大学大学院人文科学研究院准教授。著書に『朝鮮独立運動と東アジア　1910-1925』（思文閣出版、2013年）、『帝国日本と朝鮮野球——憧憬とナショナリズムの隘路』（中央公論新社、2017年）。共著書に『未完の独立宣言——2・8朝鮮独立宣言から100年』（新教出版社、2019年）、*The East Asian Dimension of the First World War: Global Entanglements and Japan, China and Korea, 1914-1919* (Frankfurt: Campus Verlag, March 2020）など。

小野寺史郎（おのでら・しろう）

1977年、岩手県生まれ。専攻は中国近現代史。現在、埼玉大学大学院人文社会科学研究科准教授。著書に『国旗・国歌・国慶——ナショナリズムとシンボルの中国近代史』（東京大学出版会、2011年）、『中国ナショナリズム——民族と愛国の近現代史』（中央公論新社、2017年）。共著書に『中国と東部ユ

東アジアのなかの二・八独立宣言

若者たちの出会いと夢

2020年7月25日　初版第1刷発行

編　者　在日韓人歴史資料館
監　修　李　成　市
発行者　大　江　道　雅
発行所　株式会社 明石書店

〒101-0021 東京都千代田区外神田6-9-5
電話　03（5818）1171
FAX　03（5818）1174
振替　00100-7-24505
http://www.akashi.co.jp

装丁　明石書店デザイン室
組版　朝日メディアインターナショナル株式会社
印刷・製本　モリモト印刷株式会社

（定価はカバーに表示してあります）　ISBN978-4-7503-5028-8